Karin Ammerer
Auf der Flucht

Karin Ammerer

Auf der Flucht

Wie Mayssam von Aleppo nach Deutschland kam

Hase und Igel®

Für Lehrkräfte gibt es zu diesem Buch
ausführliches Begleitmaterial beim Hase und Igel Verlag.

www.hase-und-igel.de
Lektorat: Anna Schultes
Umschlagillustration: © iStockphoto / Lichtdimension
Druck: CPI – Ebner & Spiegel, Ulm

ISBN 978-3-86760-226-6
1. Auflage 2017

Inhalt

„Wo man Gefahren nicht besiegen kann, ist Flucht der Sieg."
Johann Gottfried Seume (1763–1810), deutscher Schriftsteller

1. Kapitel

Was war das?

Das laute Aufheulen von Motoren hat mich aus dem Schlaf gerissen. Stocksteif sitze ich in meinem Bett und klammere mich an meinen Teddybären wie ein Ertrinkender an einen Rettungsring.

„Ganz ruhig, Mayssam“, sage ich zu mir selbst. Das waren nur Motorräder. Vielleicht zwei, höchstens drei. Nichts weiter! Seit Wochen quälen mich meine Albträume und lassen mich nachts schweißgebadet aufschrecken. Ich bemühe mich, langsam und gleichmäßig zu atmen. „Ganz ruhig“, murmle ich noch einmal.

Die Tür zu meinem Zimmer steht einen Spaltbreit offen. So wie jede Nacht. Nebenan schlafen meine Eltern. Es tut mir gut, wenn ich sie reden höre. Sogar das Schnarchen meines Vaters beruhigt mich. Dann weiß ich, dass er da ist. Dass er wieder da ist. Wenn er schnarcht, habe ich keine Angst. Oder zumindest weniger Angst als sonst.

Jetzt schnarcht er nicht. Meine Eltern sprechen auch nicht miteinander. Ich tippe auf mein Handy – 00.12 Uhr. Bestimmt schlafen sie schon.

Das Licht des Displays erlischt. Noch immer sitze ich da und wage kaum zu atmen. Meine Augen durchbohren die Dunkelheit. Angestrengt lausche ich und versuche, jedes noch so kleine Geräusch wahrzunehmen. Nichts.

„Siehst du“, seufze ich erleichtert und drücke den Bären an mich. Ich habe ihn seit meiner Geburt und habe noch nie eine Nacht ohne ihn verbracht. Behutsam lege ich ihn zurück auf mein Kopfkissen. Gerade will ich mich an ihn kuscheln, da heulen die Motoren wieder auf. Diesmal direkt unter meinem Fenster. Erschrocken zucke ich zusammen und verstecke mich unter der Decke. Ich höre, wie jemand Gas gibt, ein Reifen rutscht weg, Glas klirrt. Da, noch mal! Das Glas scheint in tausend Stücke zu zerbersten.

Mit aller Kraft presse ich meinen Körper gegen die Matratze. Ich halte den Atem an, damit die Decke sich nicht bewegt. Den Teddy drücke ich auf meine Augen und Ohren. Nur nichts sehen, nur nichts hören.

Die Motoren lärmen noch immer. Dann geht das Licht im Gang an. Ich höre, wie mein Vater mit eiligen Schritten die Treppe hinabstürmt. Es poltert, als würde er fallen. Ich springe aus dem Bett und laufe zur Tür. Meine Mutter steht regungslos am Geländer und schaut ihm besorgt hinterher. Ich gehe zu ihr.

„Mama?“, frage ich.

Sie nimmt mich in den Arm. „Es wird alles gut“, sagt sie und streicht mir liebevoll über meine langen, schwarzen Haare. Tränen laufen mir über das Gesicht. Ich bin ihr so dankbar für diesen Satz. Von ganzem Herzen wünsche ich mir, dass sie recht hat.

Bis jetzt war es immer so: als ich von der Schaukel gefallen bin, als meine beste Freundin Fadya mir die Freundschaft gekündigt hat, ja sogar als Adel, meine erste große – und natürlich heimliche – Liebe, mir das Herz gebrochen hat. Selbst als Mama uns eröffnet hat, dass sie an Rheuma erkrankt ist. Sie war so stark und hat die Hoffnung nie aufgegeben. Und uns Kindern hat sie Mut gemacht.

Wenn meine Mutter sagt, dass alles gut wird, dann kann ich mich darauf verlassen. Ich weiß nicht, wie oft sie mir das seit meiner Geburt vor fünfzehn Jahren versprochen hat. Immer habe ich ihr vertraut. Immer hat sie recht behalten. Auch jetzt möchte ich meiner Mutter so gerne glauben.

2. Kapitel

„Verschwindet! Verschwindet von hier!“, höre ich meinen Vater schreien.

Meine Mutter packt mich an der Hand. Gemeinsam stolpern wir die alte Holztreppe hinunter. Die Haustür steht offen. Mama zieht mich weiter. Kalte Nachtluft schlägt uns entgegen. Es hat zu regnen begonnen. Der Vollmond wirft ein gespenstisches Licht auf unsere Straße.

Wir sehen die Rücklichter der drei Motorräder, die sich immer weiter entfernen und bald ganz verschwinden. Totenstille macht sich breit. Wie angewurzelt stehe ich da, im Nachthemd und ohne Schuhe, und starre ihnen nach.

Mama stürzt an mir vorbei und lässt sich auf den Boden fallen. Jetzt erst merke ich, dass mein Vater auf der Straße liegt. Meine Mutter kniet neben ihm und streicht ihm über die Wange.

„Es geht schon wieder“, sagt er, als sich unsere Blicke treffen.

Mit ihrem Nachthemd tupft Mama den Schweiß aus seinem Gesicht. „Du blutest ja“, flüstert sie erschrocken, als sie ihre Hand unter seinem Hinterkopf hervorzieht.

„Ist nicht so schlimm“, winkt Papa ab. Wir helfen ihm beim Aufstehen. Er legt die Arme um unsere Schultern. „Ein bisschen wacklig bin ich auf den Beinen“, gibt er zu.

Ich möchte ihm tausend Fragen stellen: Wer war das? Was wollten die von uns? Waren das dieselben, die …?

Papa kommt mir zuvor. „Schaut euch das an!“, stößt er tonlos hervor.

Mama und ich drehen uns um. „Allah, steh uns bei!“, stöhnt sie.

Die Schaufenster unserer Apotheke sind eingeschlagen. An der Wand steht in riesigen Buchstaben: *VERRÄTER!*

Mama löst sich aus Papas Griff und geht ohne ein Wort zurück ins Haus.

„Was hast du vor?“, ruft er ihr hinterher.

Keine Antwort.

Ich werfe meinem Vater einen hilflosen Blick zu. Aber offenbar hat auch er keine Erklärung für ihr Verhalten.

Kurz darauf kommt meine Mutter mit einem nassen Schwamm zurück und beginnt, die Hauswand zu schrubben, zuerst mit einer Hand, dann mit beiden. Immer fester, immer schneller, immer wilder scheuert sie, doch die Buchstaben bleiben stehen. Sie prangen an der Wand und klagen uns an.

Mein Vater geht auf meine Mutter zu und legt ihr eine Hand auf die Schulter. Mama lässt sich davon nicht beirren. Noch fester drückt sie den Schwamm gegen die Mauer. Wasser tropft auf die Straße, auf ihre Füße, auf ihr Nachthemd. Es stört sie nicht. Papa greift nach dem Schwamm, aber sie lässt nicht los. Mit aller Kraft versucht sie weiterzumachen. Ich sehe, wie die beiden ziehen und zerren, ja fast miteinander kämpfen.

„Lass mich!“, zischt meine Mutter.

Ich habe sie in meinem ganzen Leben noch nie so sprechen gehört. Schon gar nicht mit meinem Vater.

Obwohl er viel kräftiger ist als sie, bewegt sich der Schwamm noch immer von oben nach unten. Ihre Wut lässt sie unglaublich stark werden. Sie schrubbt die Wand entlang. Die Fingerknöchel schleifen über den rauen

Putz. „Ich lasse mir das nicht kaputt machen! Sie werden nicht gewinnen!“, ruft sie verzweifelt.

Patschnass vom Regen stehe ich daneben und kann nichts tun.

„Wir machen das morgen“, redet Papa beruhigend auf meine Mutter ein.

Kurz schaut sie auf. Noch immer umklammern ihre Hände den Schwamm. „Morgen?“, fragt sie mit zittriger Stimme.

„Morgen“, bekräftigt mein Vater. Sanft nimmt er ihr das nasse Ding aus den Händen. Sie lässt es geschehen.

Papa hält Mama ganz fest. Ihr Körper bebt. Ich höre ihr Schluchzen.

„Sie werden nicht gewinnen“, flüstert er. „Das verspreche ich dir.“

Langsam löst sich Mama aus der Umarmung. Sie wischt sich die Tränen aus dem Gesicht, atmet tief durch und sagt, als wäre nichts geschehen: „Jetzt verarzten wir dich erst mal.“

3. Kapitel

An Schlaf ist in dieser Nacht nicht mehr zu denken. Mama schickt mich in mein Zimmer, während sie Papa einen Verband anlegt. Ich gehe ins Bett und starre in die Dunkelheit. Teddy liegt neben mir. Sobald ich die Augen schließe, kommen die dröhnenden Motorräder zurück. Ich höre das Klirren der Schaufenster, sehe die Rücklichter in der Nacht verschwinden.

Also schließe ich die Augen lieber nicht. Ich versuche, mich abzulenken. Ich will an etwas Schönes denken, doch mir fällt nichts ein. Die Zeit scheint stillzustehen. Ich liege da und wünsche mir, dass endlich die Sonne aufgeht.

Meine Eltern schleichen an meinem Zimmer vorbei. Bestimmt wollen sie mich nicht wecken. Ich höre, wie sie die Türen zu den Zimmern meiner Geschwister öffnen. Ihre Fenster liegen Richtung Hof. Wahrscheinlich haben sie nichts von dem nächtlichen Besuch mitbekommen.

Dann schließen sie die Schlafzimmertür. Noch nie habe ich mich so allein gefühlt. Am liebsten würde ich zu meinen Eltern ins Bett krabbeln und mich zwischen die beiden legen. So wie ich es als kleines Kind gemacht habe, wenn es ein Gewitter gab. So wie meine kleine Schwester Liliyana es macht. Aber nicht bei Gewittern. Vor Gewittern fürchten wir uns schon lange nicht mehr. Es ist das Donnern der Panzer, das uns Angst macht. Die Flugzeuge am Himmel, die Gewehrsalven, die Explosionen.

Mit dem Teddy in der Hand gehe ich hinüber zum Schlafzimmer meiner Eltern. Ich berühre schon den

Türgriff, da höre ich meinen Vater sagen: „Wir gehen hier nicht weg. Niemals! Das verspreche ich dir."

Neugierig drücke ich mein Ohr gegen die Tür. Meine Eltern flüstern. Ich kann nicht genau verstehen, was sie sagen. Irgendetwas mit „Syrien ist unsere Heimat", meint Papa. Dann schnappe ich nur noch einzelne Wörter auf: „Kinder ... Gefahr ... keine Zukunft."

Ich reime mir zusammen, worüber sie diskutieren. Auch wenn ich nicht jedes Wort hören kann, weiß ich ganz genau, worum es geht. Um Flucht. Flucht aus Syrien. Flucht vor dem Krieg. Flucht vor einem Leben in Angst. Flucht vor dem Tod.

Seit 2011 herrscht Krieg in Syrien. Ich kann mich noch gut daran erinnern, wie Opa mir damals erklärt hat, dass ich mir keine Sorgen machen muss. Kaum jemand hat damit gerechnet, dass sich alles so entwickeln wird. Es war doch nur ein Aufstand gegen Präsident Assad und seine Regierung. Mehr Demokratie haben sie gefordert – ganz ohne Waffen.

Jeder, sogar Opa, hat gedacht, das beruhigt sich wieder. Nichts hat sich beruhigt. Es ist schlimmer geworden. Schlimmer, als es die ärgsten Schwarzmaler vorausgesehen haben.

Millionen von Menschen sind auf der Flucht. Auch unsere Nachbarn haben das Land verlassen. Der Arzt, der in unserer Straße seine Praxis hatte. Meine Freundinnen Nariman und Rabia. Die Kassiererin aus dem Supermarkt. Der Fußballtrainer. Der Busfahrer, mit dem wir samstags oft nach Aleppo gefahren sind, um einzukaufen. Die nette alte Dame aus dem Schuhgeschäft. Liliyanas Lieblingskindergärtnerin.

Unerwartet geht die Schlafzimmertür auf.
„Mayssam?", fragt Papa erstaunt. „Was ist los? Kannst du nicht schlafen?"
„Ich? … Doch!", stammle ich. „Ich … ich muss nur aufs Klo."

4. Kapitel

Verschlafen gehe ich am nächsten Morgen die Treppe hinunter. Liliyana sitzt schon beim Frühstück und streicht sich Labne auf ihr Fladenbrot.

„Nicht so viel, Lili", mahnt unsere Großmutter.

Mein Bruder Tamer schläft noch. Typisch. Ahmad stochert lustlos in seinem Obstsalat herum.

„Wo sind Mama und Papa?", frage ich.

„Draußen", antwortet Oma nur knapp. „Und Opa auch."

Schweigend setze ich mich an den Tisch und greife nach dem Brot.

„Labne gehört mir!", stellt meine Schwester klar und krallt sich zur Sicherheit die ganze Schüssel. Mit ihren drei Jahren weiß Lili schon ganz genau, was sie will.

Ich zucke nur mit den Schultern. Dass Labne ihr Lieblingsbrotaufstrich ist, weiß ich natürlich. Und ich kann heute darauf verzichten. Eigentlich habe ich ohnehin keinen Hunger.

Oma schneidet mir eine Banane in meinen Joghurt. „Damit du groß und stark wirst", sagt sie.

„Was war denn gestern Nacht eigentlich los?", fragt Ahmad.

Meine Großmutter stellt sich ahnungslos. Aber mein Bruder lässt sich nicht so leicht abwimmeln. Er ist zwölf Jahre alt und durchschaut längst, wann Erwachsene nicht ganz die Wahrheit sagen und versuchen, sie vor Kindern schönzureden.

„Ach, das waren nur ein paar Halbstarke, die ihre Maschinen getestet haben", probiert Oma es dennoch mit einer Verharmlosung. Wider Erwarten gibt sich Ahmad mit dieser Antwort zufrieden.

Ich schiebe meine Schüssel zur Seite. „Danke für das gute Frühstück, Oma“, sage ich und springe auf, bevor sie mir einen Vortrag über die Bedeutung eiweißreicher Kost am Morgen halten kann.

Meine Eltern sind in der Apotheke. Die Augen meiner Mutter sind rot geweint.

„Ist alles in Ordnung?“, frage ich, obwohl ich ganz genau weiß, dass es das nicht ist.

Jetzt bei Tageslicht wird der volle Umfang des nächtlichen Angriffs sichtbar. Die Schaufenster sind zersplittert. Schwere Steine liegen am Boden und haben den Großteil der Einrichtung zerstört. Medikamente sind umgefallen, Flaschen zersprungen, Flüssigkeit ist ausgelaufen. Mit dem Fuß schiebe ich einen Haufen Verpackungen zur Seite und bahne mir einen Weg durch das Chaos.

Opa begutachtet kritisch den Schaden. „Das wird teuer“, sagt er nur.

„Wir schaffen das!“, meint Mama und gibt sich Mühe, stark und hoffnungsvoll zu klingen. Papa nickt.

Ich schnappe mir einen Besen und beginne zu kehren.

„Was ist passiert?“, fragt plötzlich jemand. Es ist Abbas, Papas bester Freund. Eine Antwort wartet er nicht ab. Er weiß genau, was geschehen ist. Unsere Apotheke ist nicht der erste Laden, der zerstört wurde, und wird ganz bestimmt auch nicht der letzte sein. Vorsichtig setzt Abbas Fuß um Fuß zwischen Scherben und Medikamentenschachteln. „Ihr also auch“, sagt er und reicht meinem Vater mitfühlend die Hand. „Ist jemand verletzt?“, forscht Abbas nach.

„Nein“, antwortet Papa. Die Wunde an seinem Hinterkopf hält er wohl nicht für erwähnenswert.

5. Kapitel

Es ist jetzt vier Monate her, dass mein Vater ohne Vorwarnung wie ein Schwerverbrecher verhaftet und abgeführt wurde. Drei bewaffnete Männer, die für das Regime von Präsident Assad arbeiteten, kamen in die Apotheke und legten ihm vor unseren Kunden Handschellen an.

„Wer hier kauft, kauft bei einem Verräter!", rief einer. „Wollt ihr das? Ihr lasst euer Geld bei einem, der seinen Präsidenten und sein Land verrät! Bei einem, der *euch* verrät!"

Angewidert spuckte der zweite auf den Boden, während der dritte die Kunden mit seinem Maschinengewehr in Schach hielt.

Ahmad und ich waren im Hinterzimmer und konnten alles beobachten. Neue Ware war geliefert worden und wir wollten beim Einsortieren helfen. Durch den Türspalt sah ich, wie Mama sich am Verkaufstresen festklammerte.

„Also, wer von euch will bei einem Verräter kaufen?", schrie der mit dem Maschinengewehr so laut, dass ich erschrocken zusammenzuckte.

Ein Kunde nach dem anderen legte die Ware zurück und verließ stumm die Apotheke. Sogar Frau Ismail, die seit Jahren einmal in der Woche ihre Herztabletten bei uns holt.

Dann stießen die Männer meinen Vater schimpfend und fluchend zu ihrem Auto, zwangen ihn einzusteigen. Mit Blaulicht und Sirene brausten sie davon. Mama, Ahmad und ich mussten hilflos zusehen. Wir hielten uns verzweifelt an den Händen und verstanden die Welt nicht mehr.

Draußen hatte sich bereits eine Menschenmenge gebildet. Unzählige Augenpaare musterten uns, als wir vor die Apotheke traten. Manche Blicke waren mitfühlend, andere anklagend.

Mama weinte, hoffte und betete viel in den nächsten Tagen. Und sie suchte nach Erklärungen.

Abbas war zu dieser Zeit für uns da. „Ich habe ihn gewarnt", sagte er, als wir wieder einmal zusammensaßen. „Assad hat seine Spitzel überall. Bestimmt hat ihm jemand gemeldet, dass Hossein die Rebellen mit Verbandsmaterial versorgt hat."

Ich wusste, was Abbas meinte. Kämpfer der FSA, der Freien Syrischen Armee, hatten bei meinem Vater Verbandsmaterial gekauft, um ihre Verwundeten verarzten zu können.

Mama nickte und brach in Tränen aus. Aber was um alles in der Welt hätte er denn tun sollen? Mein Vater ist ein hilfsbereiter Mensch. Er ist Apotheker und hat lange als Sanitäter gearbeitet. Es ist sein Beruf und seine Überzeugung, anderen Menschen zu helfen. Egal, welche Hautfarbe oder Religion sie haben, aus welchem Land sie kommen oder welche Partei sie wählen. Ob sie kämpfen oder nicht. Ob sie für Assad sind oder gegen ihn. Welchen Unterschied macht das auch? Es sind alles Menschen.

Meine Mutter sprach meine Gedanken aus: „Was hätte er tun sollen? Ihnen die Hilfe verweigern? Nein, er hat richtig gehandelt." Sie klang stolz.

Ganz sicher hatte Mama recht. Nur wusste keiner von uns, was Assads Männer meinem Vater, dem „Verräter", antun würden. Wir hatten viel gehört. Von Gefängnisstrafen, Auspeitschungen, Folter, ja sogar … nein, daran wollte ich nicht denken!

Eine Woche später war mein Vater wieder nach Hause gekommen. Er verlor kein Wort darüber, was sie mit ihm gemacht hatten. Wenn er ein kurzes T-Shirt trug, konnte ich erkennen, dass er keine Verletzungen davongetragen hatte. Jedenfalls nicht an den Armen. Aber ich merkte schnell, dass trotzdem tiefe Narben zurückblieben. Seit der Verhaftung habe ich ihn nicht mehr lachen gehört. Anfangs sprach er wenig, manchmal gar nicht. Das besserte sich mit der Zeit. Doch gelacht hat er nicht mehr.

Ich denke oft darüber nach, was diesen großen, starken Mann dermaßen erschüttert, seine ganze Welt aus den Fugen gehoben hat. Wahrscheinlich werde ich es nie erfahren. Vielleicht ist es besser so …

6. Kapitel

„Wir haben noch einen Besen für dich“, sagt mein Vater und deutet in die Ecke der Apotheke.

Abbas schüttelt den Kopf. „Ich bin eigentlich nur hier, um mich zu verabschieden.“

Papa fallen vor Schreck die Medikamentenschachteln herunter. Dann ist es ganz still. Mama stellt den Kübel mit Wasser ab. Opa legt die Steine, die er bereits aufgesammelt hat, auf den Tresen.

Ich verstehe Abbas. Wir sind auch schon einmal vor diesem Krieg, den keiner von uns wollte, geflohen. Damals arbeitete mein Vater noch als Sanitäter, meine Mutter war Hausfrau. Wir lebten in einem schönen Haus in Aleppo. Ahmad und ich gingen zur Schule, wir hatten viele Freunde, es ging uns gut. Als Opa einen Herzinfarkt erlitt, übernahmen meine Eltern seine kleine Apotheke in Haritan. Jeden Tag fuhren sie mit dem Auto morgens hin und abends wieder zurück. Das waren zwanzig, vielleicht dreißig Minuten pro Strecke.

Dann kam der Krieg. Ein Krieg, der alles veränderte. Bomben fielen. Zuerst ein- oder zweimal in der Woche, bald täglich. Jetzt kreisen ständig Hubschrauber über der Stadt und werfen Bomben ab, die Häuser treffen und Soldaten ebenso töten wie Zivilisten.

Es gab kaum Zufluchtsstätten, keine Keller und keine Schutzräume. Einmal zerstörten die Bomben ein vierstöckiges Gebäude ganz in der Nähe unseres Hauses. Manchmal höre ich nachts die Einschläge, das Krachen der Wände, die in sich zusammensanken und Menschen unter sich begruben.

Die ganze Nachbarschaft versammelte sich, um zu helfen. Papa und ich waren auch dabei. Wir hatten kein Werkzeug und konnten wegen des Staubs kaum etwas sehen. Unter den Trümmern hörte ich Schreie, Hilferufe, Stöhnen. Und dann war da noch dieses ganz leise Wimmern.

Mit bloßen Händen schoben wir den Schutt und die Asche zur Seite, trugen Mauerreste ab und wühlten uns durch Ziegel und Splitter. Meine Finger waren blutig, die Hände zerschunden und aufgeschürft. Schmerzen spürte ich keine.

Johaina, meine Freundin aus der Schule, hat in diesem Haus gewohnt. Wie oft habe ich sie besucht? Wie oft haben wir hier zusammen mit ihrer Familie zu Abend gegessen, gelacht, bis uns die Tränen kamen? Wie oft haben wir gemeinsam in ihrem Zimmer übernachtet und uns Geheimnisse anvertraut?

Dieses Wimmern, das ich gehört habe … das mich in der Nacht weinend aufwachen lässt … Es war Johaina.

Ich habe mich ganz auf das Wimmern konzentriert. Es ist ein gutes Zeichen. Wer wimmert, der lebt. Ich habe schneller und schneller gegraben, mir die Finger an den scharfen Kanten aufgeschnitten. Es war mir egal. Ich wollte nur so schnell wie möglich zu ihr. Ihre Hand halten. Ihren verletzten Körper aus den Trümmern ziehen. Sie festhalten. Ihr Herz schlagen hören.

„Bringt die Kinder weg!“, rief einer, als sie auf die ersten Leichenteile stießen. Jemand fasste mich an der Hand und zog mich fort. Ich protestierte heftig.

Der Mann ließ sich davon nicht beeindrucken. Obwohl ich schimpfte, mich mit Händen und Füßen wehrte und darauf bestand, weiter nach Johaina zu suchen, schob er mich unsanft weiter. Er hatte viel mehr Kraft als ich, ich hatte keine Chance. Immer wieder drehte ich mich um, rief verzweifelt nach meiner Freundin.

Längst standen zwei Männer an der Stelle, an der ich die klagenden Laute gehört hatte. Gemeinsam gruben sie im Schutt, während mich eine Frau liebevoll in die Arme nahm und mich so davon abhielt zurückzulaufen. Ich ließ es geschehen, spürte, dass es so besser war.

Endlich fanden die Männer Johainas Körper. Zuerst wurde ihr Arm freigelegt, dann Kopf und Oberkörper. Sie trug ihr Lieblingsoberteil, das pinkfarbene mit den schwarzen Sternen. Ich habe das gleiche.

Einer der Helfer hob Johainas Arm, ließ ihn los. Schlaff fiel er zu Boden.

„Nein!“, hörte ich jemanden schreien.

Es war Johainas Mutter. Weinend sank sie auf die Knie, griff mit zitternden Fingern in die zerbröselten Mauerreste, die gerade noch das Zuhause ihrer Familie gewesen waren.

„Nein, nein, nein!“

7. Kapitel

An diesem Tag entschieden meine Eltern, Aleppo zu verlassen und zu meinen Großeltern zu ziehen. „In Haritan ist es sicherer“, meinte mein Vater. Außerdem sei es praktisch, dass die Apotheke im Erdgeschoss und die Wohnung direkt darüber sei. So würden sie sich die tägliche Fahrerei ersparen.

Anfangs gingen Ahmad und ich noch in Aleppo zur Schule. Aber bald wurde es immer schwieriger, die Stadt zu erreichen. Öffentliche Verkehrsmittel fuhren kaum, es gab ständig Kontrollen.

Regierungstruppen kämpften gegen Rebellen – allen voran die Al-Nusra-Front – und die Militäreinheiten der Opposition. Die Terrormiliz Islamischer Staat bedrohte die Stadt, über der zunehmend russische und amerikanische Flugzeuge kreisten. Sirenengeheul warnte die Bevölkerung, die noch geblieben war, immer und immer wieder vor dem nächsten Angriff.

Eines Tages beschlossen meine Eltern, dass wir nicht mehr zur Schule gehen sollten. „Zu gefährlich“, sagten sie. Es war eine Entscheidung am Frühstückstisch. Wir hatten unsere Schultaschen schon gepackt und wollten gerade zur Bushaltestelle gehen.

Wenige Stunden später fielen wieder Bomben in Aleppo. Diesmal trafen sie die Schule. Unsere Schule.

Heute ist in Aleppo nichts mehr, wie es einmal war. Der Markt ist zerstört, ebenso wie viele Geschäfte, Krankenhäuser, Schulen und unzählige private Gebäude. Das Telefonnetz funktioniert nicht mehr, das Internet immerhin hier und da. Strom gibt es oft tagelang nicht, genauso wenig wie fließendes Wasser.

Die Ärmsten der Armen sind geblieben. Mussten bleiben. Busse und Züge fahren schon lange nicht mehr. Wer Geld hat, konnte die Stadt mit dem Taxi verlassen. 35 000 Syrische Lira kostet die Fahrt an die türkische Grenze. Das ist viel Geld. Für manche zu viel.

Das Militär hat versucht, die Rebellen auszuhungern. Bald wurden Lebensmittel und Medikamente knapp. Lieferungen können die abgeriegelte Stadtgrenze nicht mehr passieren. Die Bevölkerung leidet bittere Not. Es fehlt an allem. Menschen essen ihre Haustiere, schlachten Esel und Katzen, kauen Blätter oder Pappe. Unvorstellbar, was da keine halbe Stunde entfernt von uns vor sich geht.

Ich bin sehr froh, dass wir damals umgezogen sind. Deshalb verstehe ich nur zu gut, dass Abbas gehen möchte.

„Ist es … Bist du sicher, dass du das Richtige tust?“, fragt mein Vater.

Abbas zuckt mit den Schultern. „Nein“, gibt er zu.

Papa nimmt ihn in den Arm. Er braucht keine Erklärung, keine Gründe. „Tja, was soll ich sagen? Dann … dann wünsche ich euch alles Gute“, seufzt er.

„Ich gehe allein!“, sagt Abbas bestimmt.

Bereits morgen wird er aufbrechen. Seine Familie hat ihr Geld zusammengelegt und einen Schlepper angeheuert. Abbas ist der Kräftigste von ihnen. Ihm trauen sie zu, Europa zu erreichen.

„Assad wird mich zwingen, in seinem Krieg zu kämpfen“, meint er. „Und wenn er es nicht tut, ist es die Freie

Syrische Armee oder Al-Nusra … Ich sterbe lieber auf der Flucht als im Krieg."

Noch einmal fallen sich die beiden Männer in die Arme.

„Überleg dir, ob ihr nicht mitkommen wollt", sagt Abbas zum Abschied.

Mein Vater schüttelt den Kopf.

8. Kapitel

Drei Wochen sind vergangen, seit Abbas gegangen ist. Wir haben nichts mehr von ihm gehört. Ich weiß nicht, ob er noch lebt. Ich hoffe es.

Unsere Apotheke ist mittlerweile geschlossen. Es ging nicht mehr. Die Leute haben es nicht gewagt, bei uns einzukaufen. Wenn, dann taten sie es heimlich, machten sich Sorgen, dabei beobachtet zu werden. Wir leben nun vom Ersparten unserer Eltern.

Auch bei uns wird längst gekämpft. Das Heulen der Sirene lässt mich nicht mehr zusammenzucken. Die Abläufe haben sich automatisiert: aus dem Haus laufen, flach auf den Boden legen, Arme über dem Kopf verschränken. Und das alles möglichst schnell.

Meiner Mutter geht es nicht gut. Ihr Rheuma ist schlimmer geworden, sie hat furchtbare Schmerzen. Jeden Tag nimmt sie Tabletten. Sie helfen wenig. Manchmal gar nicht.

In der Nachbarschaft erzählt man sich, dass der IS demnächst unsere kleine Stadt erobern wird. Die Panzer sind schon in Position, sagen sie. Es ist nur noch eine Frage der Zeit.

„Allah, steh uns bei!“, schickt meine Oma ein Stoßgebet Richtung Himmel, als ihre Schwester Alice sie warnt.

„Was ist der IS?“, frage ich und blicke in das besorgte Gesicht meiner Großmutter.

„Mayssam“, sagt sie ruhig und sucht nach passenden Worten. „Mayssam, der IS ist der Islamische Staat oder Daesh, wie er von seinen Gegnern genannt wird, eine Terrororganisation. Die Kämpfer führen einen Heiligen

Krieg, denken sie. Ihr Ziel ist es, alle Ungläubigen auszulöschen." Oma zittert.

Ich nicke und tue so, als würde ich verstehen. Aber ich verstehe kein Wort. Seit fünf Jahren herrscht Krieg in Syrien. Wer wofür oder wogegen kämpft, begreife ich nicht.

Früher, als Ahmad und ich kleiner waren, haben wir uns oft gestritten. Ich habe ihm die Zunge rausgestreckt, ihn gezwickt. Er hat sich gewehrt. „Löst euren Streit ohne Gewalt", sagten die Erwachsenen dann. Reden, nicht schlagen.

Und was machen die Erwachsenen selbst? Sie werfen Bomben aus Hubschraubern, lassen Panzer anrollen, schicken Soldaten mit Maschinengewehren. Warum reden die Erwachsenen nicht miteinander?

Wir verlassen kaum noch das Haus. Auch tagsüber sind die Straßen menschenleer. Die Kämpfe sind heftiger geworden. Hier, mitten in der Stadt, sind wir aber einigermaßen sicher.

Die Dschihadisten des IS haben die Stadt eingenommen und kontrollieren täglich die Straßen. Ungefähr eine Woche geht das jetzt schon so. In der Nacht haben unsere Häuser finster zu sein. Kein Licht, kein Fernseher, nur Dunkelheit. Wir halten uns daran. Meistens jedenfalls. In der Wohnung meiner Großeltern, die über unserer liegt, gibt es einen Raum, der nur ein Fenster zum Innenhof hat. Papa und Opa haben es mit Kartons und schwarzen Müllsäcken abgedunkelt, damit kein Lichtschein nach draußen dringt. So können wir abends fernsehen. Oft sitzen wir alle zusammen. Nicht, weil das Fernsehprogramm so interessant ist. Nein, einfach, weil niemand von uns allein sein möchte.

Manche Leute scheinen sogar froh über die Kontrollen zu sein, vor allem die alten, die sich nicht damit anfreunden können, dass wir Mädchen selbstbestimmte Leben führen und unsere Körper nicht verstecken möchten. Dass wir studieren wollen und die Welt entdecken und dass sich nicht alles um einen Mann und den Haushalt dreht.

Wir Frauen und Mädchen dürfen das Haus nicht mehr ohne männliche Begleitung verlassen, tragen einen Niqab, einen Gesichtsschleier, und Abayas. Ich hasse diese Roben, die den ganzen Körper verhüllen. Sie sind schwer und unbequem.

Ich vermisse meine Lieblingsjeans. Die mit den Löchern an den Knien. Johaina und ich haben die Hose mit Textilstiften verziert. Auf den linken Oberschenkel hat sie ein Herz gemalt. *M + J = BFF* steht darin. Ach, Johaina!

Auch das Tragen von Make-up ist nicht erlaubt. Wer sich nicht an die neuen Regeln hält, wird bestraft und in aller Öffentlichkeit ausgepeitscht. „Das ist nur zu eurem Schutz“, sagen die IS-Kämpfer.

Meine Großmutter ist da anderer Meinung. „Das ist erst der Anfang“, warnt sie schon seit Tagen.

9. Kapitel

Es ist Abend. Wir sitzen gemeinsam in der Küche und spielen Karten. Liliyana und Tamer malen ein Bild für Opa. Er hat bald Geburtstag.

Auf einmal wird es laut auf der Straße.

„Was ist da los?“, fragt meine Mutter besorgt.

Papa reagiert sofort. Er bringt Tamer und Ahmad ins Wohnzimmer. Sie wissen, was zu tun ist.

Gleich darauf hämmert jemand mit der Faust gegen die Haustür. Mein Vater deutet uns, ganz ruhig zu bleiben. Liliyana drückt sich ängstlich an Mama.

„Schon gut, meine Kleine“, sagt sie beruhigend.

Papa geht die Treppen hinunter und öffnet die Tür.

„Hinein mit dir! Und keine falsche Bewegung!“, ruft jemand.

Lili, Mama und ich rücken näher zusammen. Papa kommt mit erhobenen Händen zurück in die Küche. Ihm folgen drei Männer in IS-Uniformen. Sie haben ihre Maschinengewehre auf meinen Vater gerichtet.

„Aufstehen!“, brüllt uns einer an. „Da rüber!“

Wir erheben uns und lassen uns von den Männern ins Wohnzimmer drängen.

„Mami“, wispert Liliyana.

Meine Mutter nimmt ihre Hände nach unten und streichelt Lili über das Gesicht. Mit einem Taschentuch trocknet sie ihre Tränen. Die Kämpfer lassen es kommentarlos geschehen.

„Wo sind deine Söhne?“, fragt einer meinen Vater. Er ist der größte der drei Männer und scheint ihr Sprecher zu sein.

„Ich habe keinen Sohn“, antwortet Papa. Seine Stimme klingt fest.

Der Sprecher geht langsam auf ihn zu. Mein Vater hält dem prüfenden Blick stand. Ohne Vorwarnung rammt der Soldat sein Knie in Papas Bauch.

Mit schmerzverzerrtem Gesicht krümmt er sich, geht zu Boden, ringt nach Luft. „Ich habe keinen Sohn“, bringt er gerade noch hervor.

Ohne eine Miene zu verziehen, treten die Dschihadisten auf ihn ein. Wieder und immer wieder.

Meine Mutter schreit. Liliyana weint.

„Er hat gesagt, er hat keinen Sohn“, platzt es aus mir heraus.

Die Männer lassen von ihm ab. Sie kommen auf mich zu. Ich weiche zurück, stehe plötzlich mit dem Rücken an der Wand. Ich versuche, selbstbewusst zu wirken. Vergeblich! Ich zittere so stark, dass ich mich kaum auf den Beinen halten kann.

Einer, so ein kleiner Dicker mit langem Bart und ungepflegten Zähnen, bleibt direkt vor mir stehen und mustert mich interessiert. Angewidert drehe ich den Kopf zur Seite, als er zu sprechen beginnt. „Du bist ganz schön mutig“, sagt er. „Das gefällt mir.“ Er hebt eine Hand und streicht mit den Fingern langsam über meine Wange. „Du wärst eine gute Ehefrau“, meint er grinsend.

„Sie ist doch erst fünfzehn“, schluchzt meine Mutter.

Der Kämpfer, der neben ihr steht, verbietet ihr mit einem gezischten „Schweig!“ zu sprechen.

Die Finger des Dicken wandern weiter zu meinem Ohr, dann wieder über meine Wange, den Hals entlang bis zum Mund.

Ich nehme all meinen Mut zusammen. Blitzschnell beiße ich zu. Das bringt mir eine schallende Ohrfeige ein. Mein Kopf donnert gegen die Wand. Mir wird schwarz vor Augen.

„Du verdammtes Miststück!“, schreit er auf und hält sich den schmerzenden Finger. Er holt erneut aus.

Der Sprecher stoppt ihn. „Hör auf!“, befiehlt er.

Der Dicke wirft mir einen vernichtenden Blick zu. Dann dreht er sich um und verpasst meinem Vater einen weiteren Tritt in die Magengrube.

Aus meiner Nase rinnt Blut. Ich wage es nicht, mich zu bewegen. Das Blut bahnt sich seinen Weg über meine Lippen, über das Kinn, tropft auf meine Kleidung, zu Boden. Mama reicht mir ein Taschentuch. Ich presse es gegen das Nasenloch.

„Ich habe keinen Sohn“, stöhnt mein Vater wieder.

Der Sprecher der Dschihadisten lacht laut auf. Mit dem Gewehr bedeutet er mir, mich neben Mama und Liliyana zu stellen. Ich gehorche. Dann richtet er die Waffe auf uns. „Durchsucht das Haus!“, befiehlt er seinen Begleitern.

Die beiden anderen Kämpfer laufen los. Minuten später kommen sie zurück und treiben meine Großeltern vor sich her. „Sonst haben wir niemanden gefunden“, sagt der Dicke.

„Wo sind die Söhne?“, fragt der Sprecher scharf. Langsam scheint er die Geduld zu verlieren. Die beiden Soldaten zucken nur mit den Schultern.

Der Sprecher geht ans Fenster, öffnet es und beugt sich hinaus. Dann steckt er zwei Finger in den Mund und stößt einen gellenden Pfiff aus. „Du da! Hoch mit dir!“

Kurz darauf steht unser Nachbar Mohammed im Wohnzimmer. Papa und er sind seit vielen Jahren eng befreundet. Ich verstehe nicht, warum er hier ist. Mohammed wendet seinen Blick ab, schaut zu Boden.

„Also los! Sag, was du zu sagen hast!“, brüllt der Sprecher.

Mohammed zuckt zusammen. Nervös reibt er sich die Hände, überlegt.

„Mach schon!“

„Das … das ist Hossein … Hossein al-Sayed“, stammelt er. „Er hat zwei Söhne, Tamer ist fünf und Ahmad müsste zwölf oder dreizehn Jahre alt sein.“

„Mohammed!“ Mehr kann mein Vater nicht sagen. Er liegt verletzt am Boden und hält sich den schmerzenden Bauch. Ungläubig verfolgt er, was geschieht.

„Und woher weißt du das?“, herrscht ihn der Mann an.

„Wir sind Nachbarn … Freunde … fast wie Brüder“, flüstert Mohammed. „Ich sage die Wahrheit.“

Der Sprecher stellt einen Fuß auf den Bauch meines Vaters, dreht den Körper so weit, dass er Papa ins Gesicht schauen kann. „Du hast drei Tage“, zischt er. „Bis dahin weißt du hoffentlich, wo deine Söhne sind.“ Etwas freundlicher fügt er hinzu: „Keine Sorge! Wir tun ihnen nichts. Wir machen nur gute Muslime aus ihnen.“ Er nimmt den Fuß vom Körper meines Vaters.

„Darf ich gehen?“, fragt Mohammed leise. Man kann hören, dass er Angst hat.

„Natürlich“, antwortet der Sprecher und lacht. „Wir begleiten dich sogar.“

Sofort fassen ihn die beiden Soldaten unsanft an den Oberarmen und führen ihn hinaus. Der Sprecher folgt ihnen.

„Bitte!“, hören wir Mohammed flehen. „Ihr habt mir versichert, dass ich gehen darf, wenn ich sage, was ich weiß. Bitte!“

„Zuerst zeigen wir dir, was geschieht, wenn man seinen Bruder verrät.“

Dann peitscht ein Schuss durch die Nacht.

10. Kapitel

Mama hilft Papa auf die Beine.

„Ist alles in Ordnung?", fragt Opa besorgt.

Mein Vater nickt. „Es geht schon."

Er ist so tapfer.

Wir schieben den schweren Eichenschrank zur Seite. Nun lässt sich die Tür zur Abstellkammer öffnen. Dahinter sitzen meine Brüder, eng aneinandergeklammert. Ahmad hält Tamer den Mund zu, damit er nicht schreit und sie verrät.

Verängstigt schauen sie hoch und stellen erleichtert fest, dass wir es sind und nicht die Kämpfer des IS oder andere Soldaten.

Meine Mutter nimmt die beiden in die Arme. „Alles wird gut", sagt sie beruhigend. Ihre Stimme ist nicht so fest wie sonst. Meine Brüder scheinen es nicht zu bemerken. Mama streicht liebevoll über Ahmads lockiges Haar und wischt Tamer die Tränen aus dem Gesicht. „Das habt ihr toll gemacht."

Tamer nickt. „Ich hatte so viel Angst und musste weinen", erzählt er. „Ahmad hat gesagt, wenn sie mich hören, nehmen sie uns mit. Deswegen habe ich ganz leise geweint."

„Du bist mein Held", flüstert Mama.

Meine Großmutter sinkt kraftlos aufs Sofa. „Alice hatte recht", meint sie mit bebender Stimme. Ihre Schwester aus ar-Raqqa hat uns vor der IS-Miliz gewarnt. Ungläubige würden sie töten, diese Kämpfer, die ihren „Heiligen Krieg" führen. Öffentlich, damit alle es sehen können und begreifen, was mit sogenannten Gottesleugnern passiert. Jungen würden sie schon mit fünf Jahren zu Soldaten ausbilden, „gute Muslime“ aus ihnen machen. Und Mädchen und Frauen würden sie als Sklavinnen verkaufen.

In ar-Raqqa haben die Soldaten des IS alle Richter ermordet. Die neuen haben in Moscheen studiert und sprechen nun das Recht des Islamischen Staates.

Meine Großmutter richtet sich auf. „Ihr müsst hier weg!“ Ihre Worte treffen uns unvorbereitet. Sie klingt entschlossen.

„Wir … nein …“, widerspricht mein Vater.

„Sie hat recht, Hossein“, unterbricht ihn meine Mutter. „Ich weiß … Wir haben uns geschworen, dass wir bleiben. Dass uns nichts von hier vertreiben kann. Dass uns niemand unseren Traum zerstört. Aber was nutzt uns ein Traum, wenn wir dabei unser Leben verlieren?“

Einen Moment denkt mein Vater nach. Er sucht den Blick meiner Mutter, sieht die Tränen in ihren Augen. „Ich werde morgen ein paar Leute anrufen“, sagt er schließlich. „Vielleicht kann uns jemand über die Grenze bringen.“

Dann klopft es an der Tür. Zuerst zaghaft, dann stärker. Ahmad und Tamer springen auf, verstecken sich schnell wieder in der Abstellkammer. Wir schieben den Schrank davor und lassen die Tür so verschwinden.

Mein Vater geht die Treppe hinab und schaut vorsichtig durch den Spion. „Es ist Noora!“, ruft er. Wir rennen nach unten. Rasch öffnet Papa und zieht die Schwester meiner Mutter ins Haus. Sie hält jemanden an der Hand.

Ich muss zweimal hinsehen, bis ich meine Cousine Sozan erkenne. Was ist nur aus ihren langen, schwarzen Locken geworden? Wo ist ihr fröhlicher Blick?

„Allah, steh uns bei!“, schreit Mama erschrocken auf. „Kind, du blutest ja!“

Erst jetzt bemerke ich das weiße, blutverschmierte T-Shirt, das Sozan trägt.

Sie antwortet nicht. Stocksteif steht sie da und starrt ins Leere.

Papa reagiert prompt und greift nach seiner Tasche mit dem Verbandsmaterial. „Sozan“, redet er auf meine Cousine ein. „Sozan, wo bist du verletzt?“

Keine Reaktion.

Vorsichtig hebt mein Vater das T-Shirt hoch und sucht nach den Wunden. Nichts.

„Es ist Papas Blut“, flüstert Sozan.

11. Kapitel

Kurz darauf liegt Sozan in meinem Bett. Sie hat sich geweigert, das blutige T-Shirt auszuziehen. Ich streichle ihren Oberarm. Immer wenn sie zu zittern beginnt, halte ich sie fest. Ich habe ihr meinen Teddy in die Hand gedrückt. So liegen wir beide da und sagen kein Wort.

Endlich schläft sie ein. Ich stehe auf und gehe zu den Erwachsenen, die in der Küche zusammensitzen. Tante Noora weint. Oma und Mama auch. Nach und nach erfahren wir, was geschehen ist. Mein Onkel Bassam ist tot. Erschossen. Er ist in Sozans Armen gestorben.

„Er hat sich geweigert, mit ihnen zu gehen", sagt Tante Noora unter Tränen. „Er wollte nicht kämpfen."

„Was ist mit Sozans Haaren passiert?", frage ich, als meine Tante sich etwas beruhigt hat.

„Sie wollten sie holen", schluchzt sie.

Ich weiß genau, wen sie meint. Daesh!

„Sie sollte einen von denen heiraten. Sie ist doch erst elf." Tante Noora vergräbt ihr Gesicht in ihren Händen. „Sozan hat sich die Haare abgeschnitten, damit sie aussieht wie ein Junge."

Mama steht langsam auf. „Ihr geht sofort", sagt sie.

Ungläubig starre ich sie an.

„Jetzt!", wiederholt sie energisch.

Sie weckt meine Brüder und trägt ihnen auf, das Notwendigste zusammenzupacken. Auch mich schickt sie in mein Zimmer. Papa treibt uns an. Wir sollen schneller machen. Das ist gar nicht so einfach. Wir dürfen kein Licht machen. Das würde auffallen. Also wickeln wir unsere Taschenlampen in T-Shirts, bevor wir sie einschalten. Ich leuchte mit dem Display meines Handys. Im Halbdunkel durchwühle ich meinen Schrank.

„Nur einen Rucksack pro Person – nicht mehr!", schärft meine Mutter uns ein. Möglichst nützlich sollen die Sachen sein, die wir mitnehmen. Und leicht natürlich. Niemand weiß, wie lange wir unterwegs sein werden. Wie lange wir unser Gepäck tragen müssen, wann wir rasten können. Wir wissen nicht, was uns erwartet.

Das Handy kommt mit, ein paar Kleidungsstücke und natürlich mein Teddy. Mama steckt noch etwas Proviant in unsere Beutel.

Wenig später stehen wir alle im Wohnzimmer.

„Mama und Liliyana bleiben hier bei Oma und Opa", erklärt mein Vater. „Lili ist zu klein für die Flucht und Mama wird die Anstrengungen nicht schaffen. Das Rheuma …"

Was?! Habe ich richtig gehört? Wir gehen ohne Mama und Lili? Wir lassen sie zurück?

Meine Mutter scheint meine Gedanken lesen zu können. „Es geht nicht anders", sagt sie. Es klingt entschieden.

Trotzdem kommt es für mich nicht infrage. Verzweifelt schüttle ich den Kopf.

„Geht! Bringt euch in Sicherheit! Lili und ich kommen so schnell wie möglich nach."

Damit ist es beschlossene Sache. Es hilft kein Widerspruch, kein Betteln, keine Träne.

Auch Tante Noora wird bleiben und sich um die kranken Eltern ihres Mannes kümmern. Sie wendet sich an ihre Tochter: „Sozan, ich bitte dich, geh du mit Onkel Hossein."

Sozan nickt teilnahmslos.

Mama und Tante Noora ziehen uns die Niqabs und Abayas über. Sie sollen uns schützen, unsere Sicherheit garantieren. Sozan trägt ihr blutverschmiertes T-Shirt darunter.

Ihre Mutter wollte es ihr ausziehen. Aber sie wehrte sich. Zum ersten Mal funkelte wieder etwas Leben in ihren Augen. „Nein!“, sagte sie laut und deutlich. „Es ist das Blut meines Vaters. Es ist alles, was ich noch habe.“

12. Kapitel

Lili schläft. Ich setze mich an ihr Bett und beobachte ihr friedliches Gesicht. Sie kennt nichts anderes als den Krieg. Niemals hat sie Syrien ohne Kämpfe erlebt, ein Leben ohne Angst gehabt, Freiheit gespürt.

Sanft hauche ich ihr einen Kuss auf die Wange. Auf einmal wird mir klar, dass es vielleicht das letzte Mal ist, dass ich meine kleine Schwester sehe. Ich schiebe den Gedanken weg. „Bis bald, Lili", flüstere ich.

Die Verabschiedung muss schnell gehen. Eine letzte Umarmung, ein letzter Kuss. Ich weine. Weine die ganze Zeit und kann nicht aufhören.

Mama drückt mich an sich. „Du schaffst das!", sagt sie.

Papa löst mich aus ihrer Umarmung. „Wir müssen los."

Noch einmal hebe ich die Hand zum Gruß, winke meinen Lieben. Dann fällt die Tür hinter uns ins Schloss.

Da stehen wir nun, dicht an die Hausmauer gepresst, und halten uns an den Händen.

„Pst", mahnt Papa.

Wir lauschen in die Nacht hinein. In der Ferne hören wir, dass Gewehrsalven abgefeuert werden. Alles ist dunkel. Ob wohl alle schlafen? Beten? Oder auch gerade ihre heimliche Flucht vorbereiten?

„Ihr bleibt hier", flüstert uns Papa zu. Er macht zwei große Schritte nach vorne, schaut sich um, lauscht.

„Wir müssen jetzt ganz schnell sein", sagt er leise, als er zu uns zurückkommt. Er hebt meinen Bruder Tamer hoch und nimmt mich an der Hand. „Los!"

So schnell wir können, laufen wir zum Auto. Wir öffnen die Türen und springen hinein. Schnell, schnell,

schnell. Papa startet den Motor. Das Licht bleibt aus. So fahren wir durch die dunklen Gassen. Wenn wir erst im freien Gelände sind, wird es leichter. Wir müssen raus, raus aus Haritan.

Angespannt schaue ich aus dem Fenster. Kein Mensch, kein Laut, kein Licht. Nichts als Dunkelheit. Trotzdem wage ich es noch nicht durchzuatmen. Den anderen scheint es ähnlich zu gehen.

Papa hält das Lenkrad fest umklammert. Den Oberkörper hat er weit nach vorne gebeugt, er starrt in die Dunkelheit. An der Kreuzung zögert er eine Sekunde, überlegt, bremst ab. Fährt geradeaus, lenkt dann doch noch scharf nach rechts. Es ist die falsche Entscheidung.

Vor uns wird es hell. Ein Scheinwerfer strahlt uns direkt an. Sein Licht blendet uns, sodass ich die Hand schützend vor meine Augen halten muss.

Ahmad erkennt die Gefahr zuerst. „Daesh“, sagt er nur.

Papa schnauft schwer. Vor uns tauchen zwei Dschihadisten auf. Sie haben Maschinengewehre vor ihre Brust geschnallt und versperren uns den Weg. Einer hebt seine Hand und deutet uns zu stoppen. Mein Vater bremst, das Auto rollt langsam auf den Posten zu.

Die beiden Soldaten gehen einen Schritt zur Seite. Bestimmt wollen sie uns kontrollieren. Papa kurbelt das Fenster nach unten, tut so, als hätte er nichts zu verbergen.

Der eine Kämpfer beugt sich zu ihm, der andere greift bereits nach seinem Gewehr. „Was …?“, höre ich den einen noch sagen. Dann steigt Papa voll aufs Gas. Reflexartig springt der eine Soldat zur Seite, rollt sich ab. Der andere brüllt, entsichert das Gewehr, schießt.

Papa fährt, so schnell es geht. Er kann kaum die Hand vor Augen sehen. Trotzdem gibt er Gas. Wir rammen den Bordstein und einen Wegweiser, streifen eine Hausmauer und durchbrechen eine Straßensperre aus Holzbrettern, die die Stadtgrenze markieren soll. Wir werden ordentlich durchgerüttelt. Tamer wirft sich auf den Boden und macht sich ganz klein.

Schüsse zerreißen die nächtliche Stille. Ohne Unterlass. Eine Kugel trifft unser Auto. Die Heckscheibe zerspringt. Papa verreißt das Lenkrad. Das Auto bricht aus, schleudert hin und her.

Ich schreie. Stütze mich mit der linken Hand am Dach ab und greife mit der rechten nach Tamer, um ihn festzuhalten.

Mein Vater gibt weiter Gas. Erst als keine Schüsse mehr zu hören sind, wird er langsamer. „Geht … geht es euch gut?“, fragt er.

„Ja“, versichern wir.

Er schaltet das Licht im Wageninneren ein. Die hintere Scheibe ist komplett zertrümmert. Überall liegen Scherben und Splitter. Die Kugel, die die Heckscheibe zerstört hat, ist ins Radio eingeschlagen. Wir haben riesiges Glück gehabt.

13. Kapitel

„Sehen wir Mami bald wieder?“, fragt Tamer.

Ich greife nach seiner Hand. „Bestimmt“, sage ich. Wahrscheinlich klingt es nicht wirklich überzeugt. Aber Tamer gibt sich damit zufrieden. Er lehnt sich an mich. Bald schläft er ein.

„Wohin fahren wir?“, will Ahmad wissen.

„Richtung Türkei“, antwortet Papa.

Dann ist es still. Das Auto ruckelt auf den teils von den Bomben zerstörten Straßen weiter. Schweigend schaue ich aus dem Fenster, hinein in die tiefe Nacht. Tausend Gedanken gehen mir durch den Kopf. Einer lässt mich nicht mehr los: Warum hat Mama nicht gesagt, dass alles gut wird? Glaubt sie selbst nicht daran? Wollte sie mich einfach nicht belügen?

Hinter einem Hügel, mitten im Nirgendwo, stoppt mein Vater. Langsam wird es hell. Wir vertreten uns die Füße. Das tut gut. Wir begutachten den Schaden am Auto. Es gibt einige Einschusslöcher. Aus der Motorhaube raucht es. Eine Stoßstange hängt herunter und wir haben einen Platten.

„Ich muss aufs Klo“, jammert Tamer.

Meine Blase drückt auch. Papa deutet auf einen Busch.

Ahmad und mein Vater entfernen die Glassplitter aus dem Auto, wechseln den Reifen und fixieren notdürftig die Stoßstange. Ich rufe Mama an und sage ihr, dass es uns gut geht. Die Verbindung ist schlecht, aber ich höre, wie erleichtert sie ist. Auch Papa führt ein Telefonat. Mit wem weiß ich nicht. Sozan kniet etwas abseits und wippt pausenlos vor und zurück.

„Vermisst du ihn?", frage ich und setze mich neben sie.

Sie reagiert nicht. Es war eine dumme Frage.

Dann fahren wir weiter. Papa erklärt uns den Weg, der vor uns liegt. Wir wollen über die Grenze in die Türkei, weiter nach Griechenland, Mazedonien, Serbien, Ungarn, Österreich – bis nach Deutschland. Dort hat mein Vater Freunde. Sie sind schon vor Jahren geflüchtet, damals, als der Krieg gerade erst begonnen hatte.

Deutschland ist ein gutes Land, sagen sie. Ein sicheres Land. Es gibt keine Kämpfe, keine Folter, keine Verfolgung. Man darf seine Meinung sagen, ohne Gefahr zu laufen, verhaftet zu werden. Es muss wunderbar sein. Ein Paradies!

Während der Fahrt sehen wir, was mit Syrien passiert ist. Das Land liegt in Trümmern. Dörfer, ganze Städte sind zerstört, die Straßen menschenleer. Vor dem Krieg hatte Syrien über zwanzig Millionen Einwohner. Mehr als die Hälfte ist auf der Flucht. So wie wir.

Der nächste Checkpoint ist bereits in Sichtweite.

„Keine Angst", sagt Papa.

Ein einziger Soldat sichert die Station. An der Uniform erkenne ich, dass er nicht zum IS gehört, sondern zur Freien Syrischen Armee, den Rebellen. Papa hält und kurbelt das Fenster nach unten. Er wartet, bis der Soldat sich nähert. „Wohin wollen Sie?" Er ist noch jung und sichtlich nervös, hat die Hand an der Waffe.

„Guten Tag", sagt mein Vater freundlich. „Wir möchten meine Eltern in Katma besuchen. Die Kinder freuen sich schon so."

Der Soldat wirft einen prüfenden Blick in das Wageninnere.

„Sind wir bald bei Oma und Opa?“, fragt Tamer. Papa hat das mit ihm geübt. Es ist genau der richtige Zeitpunkt.

„Haben Sie Gepäck dabei?“, erkundigt sich der Soldat.

„Gepäck? Nein, wozu denn?“, stellt sich mein Vater ahnungslos. „Es ist nur ein Kurzbesuch. Meine Frau und unsere kleine Tochter sind zu Hause geblieben.“

„Oma, hurra!“, jubelt Tamer.

Ich könnte ihn dafür küssen.

Der Soldat nickt und lässt uns passieren.

14. Kapitel

Wir fahren noch ein Stück. In einem kleinen Dorf halten wir. Papa stellt das Auto in einer Seitenstraße ab und trägt uns auf, unsere Sachen mitzunehmen. Wir gehen zu Fuß weiter.

Hinter einem Amtsgebäude treffen wir einen Mann. Er ist groß, schlank, Ende zwanzig, vielleicht Anfang dreißig. „Hossein al-Sayed?“, fragt er.

Mein Vater nickt und reicht dem Unbekannten die Hand. „Ja, wir haben telefoniert. Können Sie uns sicher über die Grenze bringen?“

Der Mann, der sich uns als Jussuf vorstellt, verzieht nachdenklich das Gesicht. „Schwierig … sehr schwierig“, erklärt er kopfschüttelnd. „IS … Assad … die Rebellen … Kurden …“ Jussuf seufzt. „Gestern gab es wieder einen Selbstmordanschlag“, berichtet er. „Zwei Kämpfer der Al-Nusra-Front haben sich in die Luft gejagt … Dreiundvierzig Tote. Was für ein Jammer!“ Dabei streckt er theatralisch die Arme zum Himmel.

Papa scheint zu verstehen. „Wenn ich mehr bezahle … wird es dann einfacher?“, erkundigt er sich.

Jussuf überlegt. „Na ja …“

Mein Vater gibt ihm einen Umschlag. Dann zieht er 20 000 Syrische Lira aus seinem Rucksack und reicht sie dem Schlepper.

Noch immer scheint Jussuf nicht ganz überzeugt zu sein. „Es ist gefährlich, wirklich sehr gefährlich“, gibt er zu bedenken.

Erneut greift mein Vater in seinen Rucksack und steckt Jussuf ein weiteres Bündel Scheine zu.

„Ach, ihr habt Glück, dass ich so ein guter Mensch bin", seufzt Jussuf. Schnell lässt er das Geld in seiner Tasche verschwinden.

Wenig später hält ein Bus.

„Steigt ein", sagt Jussuf. Er wechselt ein paar Worte mit dem Fahrer, verhandelt mit ihm und bezahlt. „Wenn ihr da seid, fragt ihr nach Djamal", verabschiedet er sich von uns. „Ihm könnt ihr vertrauen."

Wir steigen in den voll besetzten Bus. Zwei Sitzplätze sind noch frei. Papa nimmt Tamer auf den Schoß, Ahmad setzt sich daneben. Sozan und ich bleiben stehen. Immer wieder halten wir. Niemand steigt aus, viele Menschen drängen herein.

Sozan und ich werden nach hinten gedrückt. Ich mache mir Sorgen, dass wir meine Familie aus den Augen verlieren. Es ist furchtbar eng. Jemand steht auf meinen Zehen, ein Mann hustet mir ständig ins Gesicht. Zum ersten Mal bin ich froh, dass ich einen Niqab trage. Ein Ellbogen bohrt sich in meinen Rücken. Ich versuche, ein Stück zur Seite auszuweichen.

Körper an Körper, Haut an Haut stehen wir zusammengepfercht wie Rinder bei einem Viehtransport. Ich schwitze unter meiner Abaya. Wenn ich mich bewegen könnte, könnte ich mir wenigstens ein bisschen Luft zufächeln. Ich würde gerne etwas trinken, nur einen Schluck. Aber ich komme nicht an meinen Rucksack.

Mit einem zischenden Geräusch öffnet sich die Bustür. Zumindest etwas frische Luft. Erneut steigen Leute zu. Schnaufend setzt sich der Bus wieder in Bewegung.

„Ganz schön heiß hier", flüstere ich Sozan zu.

Sie antwortet nicht.

Ich schaue mich um. Ich kenne die Menschen nicht. Es sind Alte, Verletzte, junge Leute mit kleinen Kindern, Männer und Frauen – alle grundverschieden. Nur eines haben wir gemeinsam: die Hoffnung auf ein Leben in Sicherheit.

15. Kapitel

Nach einer längeren Fahrt ohne Zwischenstopp hält der Bus an einem Checkpoint. Schon von Weitem sehe ich fünf oder sechs bewaffnete Soldaten. Als wir uns nähern, verschwinden sie in einem kleinen Häuschen. Nur einer bleibt zurück. Seltsam.

Unser Fahrer öffnet das Seitenfenster, wechselt ein paar Worte, lacht. Dann greift er nach einem Kuvert, reicht es dem Soldaten. Der wirft einen kritischen Blick hinein, grinst und winkt uns weiter.

Wenig später halten wir. „Endstation", sagt der Busfahrer. Endlich!

Die Masse drängt aus dem Fahrzeug. Sozan und ich werden einfach mitgezogen. Ich stolpere über die Stufen, lande auf den Knien im Staub. Mit den Händen stütze ich mich gerade noch ab. Jemand tritt mir auf die Finger, ich schreie auf. Eine Frau hilft mir hoch.

„Danke", sage ich und klopfe den Staub ab. Meine Handflächen bluten. Papa holt ein feuchtes Tuch aus seinem Rucksack und tupft mir die Hände ab. Es brennt.

So schnell der Bus sich geleert hat, so schnell verschwindet er auch. Ratlos stehen die Menschen in Gruppen herum. Keiner weiß, wie es weitergeht. Auch Papa nicht. „Djamal? Kennt hier jemand einen Djamal?", fragt er sich durch.

„Ich bin Djamal", meldet sich nach einer Weile jemand. Der junge Mann steht etwas abseits und lehnt lässig an einer Hausmauer.

„Jussuf schickt uns", sagt mein Vater.

„Alles klar", meint er knapp.

Djamal führt uns zu einem alten Haus. Wir werden in einen Raum ohne Fenster gebracht. Es riecht merkwürdig. Ich kann nicht sagen, wonach. Schweiß? Essensreste? Verzweiflung?

Der Raum ist hoffnungslos überfüllt. Djamal bahnt sich einen Weg durch die Menschen, zwischen Rucksäcken, Kleidung und Lebensmitteln hindurch. „Männer links, Frauen rechts“, weist er uns ein. Dazwischen ist eine Wäscheleine gespannt, auf der Leintücher hängen.

Sozan und ich setzen uns neben eine Frau, die gerade verzweifelt versucht, ihr Baby zu beruhigen. Sie redet auf das Kind ein, schreit es an, schüttelt es. Es sind die einzigen freien Plätze.

Jetzt erst merke ich, wie erschöpft ich bin. Wir haben kaum geschlafen, nichts gegessen, wenig getrunken. Gierig suche ich nach meinem Proviant, trinke hastig und stopfe mir ein paar Kekse in den Mund.

„Du musst etwas trinken“, sage ich zu Sozan, die einfach dasitzt und in den Raum starrt. Ich halte ihr die Flasche hin. „Bitte, Sozan! Tu es mir zuliebe!“

Einen Moment zögert meine Cousine, dann greift sie nach der Flasche und nimmt einen Schluck.

Zu gerne würde ich mich hinlegen und einfach schlafen. Das Baby neben mir weint schon wieder. Die Mutter hält es hilflos in den Armen, wiegt es, summt ein Lied.

„Sind Sie schon lange hier?“, frage ich.

Die Frau nickt. „Drei Wochen“, antwortet sie.

Drei Wochen?!

„Jeden Tag verspricht uns Djamal, dass er uns zur Grenze bringt“, erklärt sie. „Und jeden Tag verschiebt er es auf den nächsten.“

„Ruhe!“, zischt jemand.

Ich seufze. Nicht einmal unterhalten darf man sich. Dabei ist es alles andere als still. Ständig raschelt irgendeine Verpackung, jemand schnarcht oder ein Kind jammert.

Ich sitze einfach da und warte. Dabei verliere ich jedes Gefühl für die Zeit. Ich habe keine Ahnung, ob es noch Tag ist oder schon Nacht.

Um zur Toilette zu gelangen, muss man über mindestens zwanzig Paar Füße steigen. Es gibt nur ein Klo für alle. Die Spülung funktioniert nicht immer, dafür aber das Licht. Das Klopapier ist knapp. Auf der Brille finden sich eingetrocknete rote Tropfen und schwarze Flecken. Ich schalte das Licht lieber aus und beschließe, die Toilette nur noch in absoluten Notfällen aufzusuchen.

Jemand klopft an die Tür. „Beeilung bitte!“

Während ich zurückgehe, versuche ich, einen kurzen Blick auf meinen Vater und meine Brüder zu erhaschen. Sie haben einen Platz an der Wand gefunden und können sich anlehnen. Die Glücklichen! Papa winkt mir müde zu.

Ich höre, wie sich Männer über den Krieg unterhalten. Wie lange er noch dauert, wer ihn gewinnt. Sie beginnen zu streiten.

„Hört damit auf! Das bringt doch nichts“, geht mein Vater dazwischen.

Dann bahne ich mir einen Weg zurück zu meinem Platz. Ich krame im Rucksack nach meinem Teddy, bringe ihn Tamer. Er hat sein Stofftier, eine niedliche Schildkröte, zu Hause vergessen. Ich beschließe, dass Tamer den Bären dringender braucht als ich. Immerhin bin ich fast erwachsen, muss mich um Sozan und meine beiden jüngeren Geschwister kümmern. Tamer strahlt. Er verspricht, gut auf meinen Teddy aufzupassen.

Sozan und ich setzen uns mit angezogenen Beinen Rücken an Rücken. Bequem ist es nicht, aber vielleicht können wir so wenigstens ein bisschen schlafen. Ich höre das Baby schreien, die Kinder quengeln, die Männer schnarchen. Ich höre die Stimme meiner Mutter, spüre, wie sie mich in den Arm nimmt und mir zuflüstert, dass alles gut wird. Ich vertraue ihr.

16. Kapitel

Irgendwann muss ich eingeschlafen sein.

„Vater!“, schreit Sozan plötzlich auf. Ihr Körper zittert. Ich weiß nicht, was ich tun soll.

Hilflos knie ich mich hin und lege meine Arme auf ihre Schultern. „Sozan“, flüstere ich. „Hab keine Angst. Alles wird gut. Das verspreche ich dir!“ Meine Beschwörungen lassen sie ruhiger werden. Ich tupfe ihr den Schweiß von der Stirn.

Wie lange wir geschlafen haben, weiß ich nicht. Vielleicht ein paar Stunden, vielleicht nur Minuten. Noch mehrmals schreckt Sozan hoch. Ich bin für sie da, so gut ich kann.

Die nächsten Tage verbringen wir mit Warten. Wir dürfen das Haus nicht verlassen. Es ist zu gefährlich. Draußen wird gekämpft, sagt Djamal. Die Niqabs und Abayas haben wir längst ausgezogen und tragen wieder unsere gewohnte Kleidung. Zumindest ein kleines Stück Freiheit haben wir zurück.

Wir haben ewig nicht die Sonne gesehen. Die Luft ist unerträglich stickig. Es ist fast unmöglich zu sagen, wann es Nacht ist und wann Tag. Wir schlafen viel. Ansonsten sitzen wir da und warten, dass die Zeit verstreicht.

Sozan spricht noch immer nicht. Zumindest antwortet sie mittlerweile gelegentlich mit Kopfschütteln oder Nicken. Die meiste Zeit starrt sie vor sich hin und scheint nicht wahrzunehmen, was um sie herum passiert. Ich rede trotzdem mit ihr. Genauso gut könnte ich mit einer Wand sprechen. Aber ich gebe nicht auf. Irgendwann wird sie mir eine Antwort geben. Ich kümmere mich darum, dass Sozan regelmäßig isst und trinkt. Es kostet mich jedes Mal viel Überzeugungskraft.

Sie kauert nur da, umklammert ihre Knie, wippt vor und zurück. Ihr T-Shirt hat sie bis jetzt nicht abgelegt. Es stinkt inzwischen ganz fürchterlich. Sie scheint es nicht zu merken. Oder es ist ihr egal. Sie weigert sich auf jeden Fall, es zu waschen. Ich versuche, das zu verstehen. Sozan hat ihren Vater im Krieg verloren.

Oft sitzen wir Rücken an Rücken. Ich spüre, wie ihr zarter Körper bebt, wenn sie weint. Und sie weint oft. Dann lehne ich meinen Kopf zurück und flüstere: „Schschsch …“

Ich weine nicht. Jedenfalls nicht, wenn Sozan es mitbekommen könnte. Nur manchmal, wenn sie schläft. Meine Cousine soll nicht merken, dass ich genauso viel Angst habe wie sie. Sie verlässt sich auf mich. Ich muss stark sein.

So vergehen die Stunden, die Tage, die Wochen. Ich bin unruhig und wandere oft durch den Raum. Mittlerweile habe ich mich mit ein paar Frauen angefreundet. Die meisten haben Ähnliches erlebt wie wir. Viele haben jemanden an diesen Krieg verloren: den Vater, die Mutter, Brüder, Schwestern, den Ehemann, sogar Kinder.

Lonas Vater ist gefallen, Faizahs Brüder kämpfen irgendwo. Ob sie noch leben, weiß sie nicht. Samiras Schwester ist bei einem Selbstmordanschlag ums Leben gekommen, ihr selbst wurde die linke Hand abgetrennt. Basimas Mann starb bei einer Bombenexplosion, der von Genna bei einem Angriff der Al-Nusra-Kämpfer.

Royda sucht oft meine Nähe. Sie ist etwa in meinem Alter, ein hübsches Mädchen. Ihr Vater war ein angesehener Anwalt. Bei einer Demonstration gegen das Regime des Präsidenten hat er eine Rede gehalten. „Er wollte, dass Syrien eine Demokratie wird, dass es freie Wahlen gibt. Das war sein größter Traum", erzählt sie mir stolz. Jemand hat den Vortrag gefilmt und ihn auf YouTube gestellt. „Der syrische Geheimdienst hat das Video entdeckt", berichtet sie. „Wir mussten alle fliehen. Wenn sie einen von uns erwischt hätten, hätten sie ihn gefoltert, bis mein Vater sich stellt." Die Familie will auch nach Deutschland.

Nadine, die Frau mit dem Baby, ist Jesidin. Die Dschihadisten haben ihr Dorf überfallen und die Männer getötet. Die Frauen wurden als Sklavinnen an IS-Kämpfer verkauft, für sechs bis zwölf Dollar. Einen musste Nadine heiraten. Am Tag der Hochzeit hat sie ihn zum ersten Mal gesehen: ein schmieriger, ekliger Typ.

„Er war völlig fanatisch", erklärt sie mir. „Die ganze Welt wollte er von den Ungläubigen erlösen. Er hatte nur diesen Krieg im Kopf. Mich hat er geschlagen, misshandelt, vergewaltigt."

Ich merke, wie die Erinnerungen Nadine aufwühlen. Sie kämpft gegen die Tränen und schluckt ihre Verbitterung hinunter. „Ich will mir mein Leben nicht zerstören lassen", sagt sie. Zögerlich schiebt sie den Ärmel ihres Pullovers nach oben. Nadines Arm ist mit Wunden und Narben übersät.

„War … war er das?", frage ich.

Sie nickt. Ich reiche ihr ein Taschentuch. Nadine schnäuzt sich kräftig. „Und das Schlimmste ist: Er ist der

Vater meines Sohnes“, schluchzt sie und drückt mir das plärrende Baby in den Arm. Hilflos bemühe ich mich, es zu trösten, schaukle es sanft und lege meine Wange an sein Köpfchen. „Immer, wenn ich das Kind anschaue, sehe ich ihn. Ich weiß nicht, ob ich es jemals lieben kann“, gesteht Nadine.

Mitfühlend schaue ich sie an. Nun verstehe ich, warum das Baby ständig schreit und sich auch durch ihre Nähe nicht beruhigen lässt.

„Was, wenn es auch das Böse in sich hat? So wie er …“, weint Nadine.

„Es hat mindestens genauso viel von dir wie von ihm“, versuche ich, ihr Mut zu machen. „Wenn du es in Liebe aufwachsen lässt, wird es auch Liebe schenken können.“

Ich bin selbst erstaunt über meine Worte. Der Krieg hat mich erwachsen werden lassen.

17. Kapitel

Djamal reißt die Tür auf und schaltet das grelle Neonlicht ein. „Aufstehen! Los, hoch mit euch! Es geht weiter!“

Ich kneife die Augen zusammen und wende den Kopf ab.

Djamal treibt uns an. Wir sollen unsere Sachen packen. Wer nicht schnell genug ist, bleibt zurück. Ich helfe Sozan. In Windeseile raffen wir unsere wenigen Habseligkeiten zusammen, stehen bald in Reih und Glied und warten auf weitere Anweisungen.

Kurz vor Mitternacht werden wir in den Hof geführt. Dann wird kassiert. Wer nicht bezahlen kann, wird zurück nach oben geschickt. So wie Nadine und ihr Baby.

Übrig bleiben ungefähr zwanzig Personen. Djamal teilt uns in zwei Gruppen ein. Die eine wird von einem Kleinbus abgeholt. Wir anderen sollen zu Fuß weitergehen.

„Das ist Abdul, er wird euch zur Grenze führen“, stellt Djamal uns einen Mann vor. Wir folgen ihm. Was bleibt uns auch anderes übrig?

In Ortschaften marschieren wir im Schatten der Gebäude, drängen uns dicht an die Mauern. Am Ende jeder Straße laufen wir los, bis die nächsten Häuser uns wieder Deckung bieten. Ich halte Sozan an der Hand und ziehe sie mit mir. Tamer ist müde und schwach. In den letzten Tagen haben wir uns hauptsächlich von Keksen ernährt. Papa trägt ihn ein Stück.

„Schneller, schneller!“, fordert Abdul uns auf.

Ich habe Seitenstechen, reibe mir die schmerzende Flanke und nutze jede Gelegenheit, um mich gegen eine Hauswand zu lehnen. Nach dem wochenlangen Herumsitzen ist die ungewohnte Bewegung sehr anstrengend.

Einer aus unserer Gruppe, ein Mann um die sechzig, fällt zurück. Er hinkt beim Gehen, kann kaum laufen. Trotzdem brüllt Abdul ihn an. „Schneller! Beeil dich! Willst du, dass sie uns erwischen?“ Mit einem Stock schlägt er auf den Alten ein.

Zwei Männer laufen zurück und stützen ihn, tragen ihn beinahe. Abdul ist zufrieden.

Als ein kleines Kind zu weinen beginnt, ändert sich seine Laune schlagartig. „Sorg dafür, dass dein Balg still ist!“, herrscht er die Mutter an.

„Pst … pst …“, versucht die Frau unter Tränen, es zu beruhigen. Sie kniet nieder und drückt das Mädchen an sich.

„Lauf!“, zischt Abdul. Die Mutter beginnt zu rennen, schleift ihr Kind hinter sich her. Sie ist schwanger und hat keine Kraft mehr, ihre Tochter zu tragen. „Schneller!“, stößt Abdul hervor und tritt nach der Frau. Wie eine Viehherde treibt er uns vor sich her.

Papa greift ein. Obwohl er schon meinen kleinen Bruder auf dem Arm hat, nimmt er der Frau das Kind ab.

Sie legt eine Hand an ihr Herz, flüstert: „Danke. Vielen Dank.“

Auch im freien Gelände behalten wir unser Tempo bei, marschieren im Laufschritt. Nur selten können wir in Deckung gehen und kurz rasten. Wir können nur nachts weiter, erklärt uns Abdul. Tagsüber ist die Gefahr zu groß, dass wir entdeckt werden. Wir wandern querfeldein, über Erdbrocken und Steine, Trümmer und Scherben.

Ich bin durstig, habe vergessen, meine Wasserflasche zu füllen. Ahmad reicht mir seine. Wir teilen. Ach, wenn Mama uns so sehen könnte! Wie oft haben wir zu Hause um Kleinigkeiten gestritten, dem anderen etwas nicht gegönnt. Der Krieg hat uns gezeigt, wie unwichtig solche Kleinigkeiten sind.

Abdul führt uns zu einem kleinen Wald. Hier sollen wir schlafen. Hinter den Bäumen suchen wir Schutz, legen uns auf den feuchten Boden. Unsere Rucksäcke verwenden wir als Kopfkissen.

„Geht es dir gut?“, frage ich meine Cousine.

Sie antwortet nicht, liegt einfach zusammengerollt da und schaut in den Himmel.

„Lass sie, Mayssam“, sagt mein Vater sanft. „Sie ist noch nicht bereit.“

Tamer kuschelt sich an mich. „Ich vermisse Mama“, sagt er leise.

„Ich auch“, flüstere ich zurück. „Siehst du den Stern da oben?“, frage ich und deute zum Himmel hinauf. „Den, der so wunderschön funkelt?“

Tamer nickt.

„Ich glaube, den hat uns Mama geschickt.“

Tamer staunt. „Meinst du?“

„Bestimmt schauen Mama und Lili jetzt zu Hause aus dem Fenster und sehen den Stern auch“, erkläre ich ihm.

„Unseren Funkelstern?“ Tamer kann es kaum glauben. Zum ersten Mal, seit wir auf der Flucht sind, höre ich ihn wieder lachen.

„Ja, den Funkelstern.“

„Dann … dann ist Mama ja gar nicht so weit weg“, schlussfolgert er. „Wenn ich den Stern sehe und Mama und Lili auch … sind wir ganz nah.“

Ich nicke. „Und jetzt schlaf.“ Ich lege meinen Arm unter Tamers Kopf, damit er es bequemer hat. Meine andere Hand lege ich auf Sozans Rücken. Sie soll mich spüren, damit sie weiß, dass ich da bin. Sie atmet ruhig und gleichmäßig.

„Mama singt mir immer ein Lied vor, wenn ich nicht einschlafen kann“, sagt Tamer.

Ich seufze. „Und du kannst gerade nicht einschlafen, oder?“

Tamer nickt. Ich drehe mich zu ihm und summe ihm ein Lied ins Ohr. Das Lied, das meine Mutter oft für uns gesungen hat. Bilder schwirren durch meinen Kopf. Ich liege im Bett, Mama sitzt neben mir, fährt mir durch das Haar, küsst meine Stirn. Sie deckt mich zu, packt mich ganz warm ein und beginnt zu singen. Ich spüre einen Kloß in meinem Hals. Die Tränen, die ich bis jetzt zurückgehalten habe, treten mir in die Augen.

„Bitte weiter“, bettelt Tamer, als ich aufhöre zu summen. Ich hauche ihm einen Kuss auf die Stirn, fürchte, dass meine Stimme bricht, wenn ich jetzt etwas sage. „Aber ich kann nicht einschlafen“, jammert er. Ich schlucke meine Traurigkeit hinunter und beginne, eine Geschichte zu erzählen.

„Ist das ‚Aladin und die Wunderlampe‘?“, fragt Ahmad und setzt sich zu uns.

Einen Moment halte ich inne. „Ich dachte, du findest Märchen kindisch“, sage ich und erinnere ihn daran, wie er unsere jüngeren Geschwister ausgelacht hat, weil sie eine Gute-Nacht-Geschichte forderten.

„Geht so“, erwidert er nur und legt sich neben Tamer.

Leise erzähle ich von Aladin und dem Dschinn in der Wunderlampe, der Wünsche erfüllen kann. Bald schnarchen meine Brüder im Chor. Ich schaue hinauf zum

Himmel, zu dem wunderbar funkelnden Stern und denke an Mama.

Am nächsten Morgen schlafen wir lange. Nach dem Aufwachen sind wir hungrig. Die wenigen Nahrungsmittel, die wir haben, werden in der Gruppe aufgeteilt. Wir sitzen zusammen, reden über Gott und die Welt. Nur über den Krieg reden wir nicht.

Der alte Mann, dem sie gestern geholfen haben, fehlt, ich sehe ihn nirgends. Wo ist er? Ich wage es nicht nachzufragen. Papa lehnt an einem Baum und starrt vor sich hin. Ich setze mich neben ihn.

„Es tut mir leid, Mayssam", sagt er.

„Was denn?", frage ich und habe wirklich keine Ahnung, was er meint.

„Dass du so stark sein musst", antwortet er nachdenklich. „Der Krieg … Es ist ja so schon alles schlimm genug. Und du schaffst es sogar noch, für die Kleineren da zu sein, für Sozan und Tamer … Dabei bist du doch selbst noch ein Kind."

Ich schüttle entschlossen den Kopf. „Mach dir keine Sorgen, Papa", erwidere ich. „Es ist in Ordnung, so wie es ist."

Das meine ich ernst. Es ist nicht Papas Schuld, dass auf einmal alles anders ist. Es ist der Krieg, der alles verändert hat.

Die Kinder spielen Fangen, sie lachen und quietschen. Aber Abdul schärft uns ein, leise zu sein. Es gibt immer wieder Kontrollen, warnt er uns. Die Soldaten kennen die Routen der Flüchtlinge. Nicht alle sind bestechlich.

Ich mag Abdul nicht. Papa sagt, er ist ein guter Mann. Riskiert sein eigenes Leben, um uns zu helfen. Ich glaube das nicht.

Erst als es dunkel wird, marschieren wir los. Wir wollen eine möglichst lange Strecke in möglichst kurzer Zeit zurücklegen. Besonders gefährlich sind die weiten Ebenen. Oft gibt es keinen Hügel, keinen Wald, ja nicht einmal einen Strauch, um dahinter in Deckung zu gehen. Dann rennen wir.

Abdul schaut immer wieder auf die Uhr. Er treibt uns an: „Schneller, schneller, schneller!"

Bei einer Ruine hält er uns an. Wir sollen rasten. Ein paar Männer protestieren. „Wir müssen weiter", sagen sie. „Es wird bald hell."

„Wir machen hier Pause", bestimmt Abdul. Möglichst unauffällig sieht er auf seine Uhr. Schon wieder.

Dann hören wir Motorengeräusche. Panik bricht aus. Abdul versucht, uns zu beruhigen. Ein Kleinbus steuert direkt auf uns zu. Drei Männer springen heraus. Abdul schaut uns mit erschrockenen Augen an und stammelt: „Allah, sei mit uns!"

18. Kapitel

Die vermummten Krieger halten ihre Gewehre im Anschlag und trennen die Frauen von den Männern. Mein Vater wagt es zu widersprechen. Er sagt, dass seine Tochter ohne ihn nirgendwo hingeht. Sofort werden zwei Waffen auf ihn gerichtet.

„Es ist in Ordnung. Ich werde mit ihnen gehen", erkläre ich.

Sozan hat Glück. Die Kämpfer halten sie wegen ihrer kurzen Haare für einen Jungen.

Dann aber sagt sie: „Ich gehe auch." Es sind die ersten Worte, die meine Cousine spricht, seit wir aufgebrochen sind. Sie tritt nach vorne und greift nach meiner Hand.

Mein Vater drückt mich fest an sich. Ich klammere mich an ihn, bis ein Soldat mich unsanft wegzieht.

„Wir werden uns wiedersehen", sagt Papa. Ich nicke, auch wenn ich mir alles andere als sicher bin.

Zusammen mit Faizah, Royda und zwei anderen jungen Frauen, deren Namen ich nicht kenne, steige ich in den Bus. Ich sehe, wie Tamer sich von Papas Hand losreißt. Unverzüglich lädt ein Kämpfer sein Gewehr durch, mein Vater schreit auf.

„Tamer, nein!", brülle ich und trommle mit aller Kraft gegen die Scheibe.

Tamer stürmt in den Bus. Er gibt mir den Teddy. Ich schüttle den Kopf, denn ich möchte, dass mein kleiner Bruder ihn behält. „Papa will, dass du ihn nimmst", flüstert er mir zu. „Du wirst ihn brauchen." Schon packt einer der Soldaten Tamer am Kragen und befördert ihn mit lautem Geschimpfe nach draußen.

„Er hat mir nur …“, versuche ich zu erklären und deute auf das Stofftier. Der Vermummte reißt mir den Bären aus der Hand, dreht und wendet ihn und wirft ihn mir schließlich genervt ins Gesicht. Dann setzt er sich ans Steuer, schließt die Türen und der Bus fährt schnaufend los. Ein letztes Mal winke ich Papa und meinen Brüdern zu. Ich bemühe mich zu lächeln.

Abdul steht bei den Soldaten. Die Männer klopfen ihm auf die Schulter. Einer steckt ihm ein Kuvert zu, schüttelt ihm die Hand. Abdul grinst zufrieden. Hat er uns etwa gerade verkauft?

Nach ein, zwei Stunden Fahrt taucht vor uns eine riesige Mauer auf. Ein Tor wird geöffnet und wir fahren hinein. Die Männer befehlen uns auszusteigen. Wir müssen uns in einer Reihe aufstellen. Sie nehmen uns die Rucksäcke und Taschen ab. Nur die lange Kleidung dürfen wir behalten.

Dann werden wir in eine Halle gebracht. Vierzig, fünfzig Frauen kauern auf dem Boden. Erschrocken sehen sie uns an, als sich die Tür öffnet. Andere wenden den Blick ab, verkriechen sich unter ihrer Decke, der eigenen Kleidung oder hinter ihrer Sitznachbarin.

Hinter uns fällt die Tür krachend ins Schloss. Eine Frau erhebt sich. Sie deutet uns näherzukommen und sucht mit uns Plätze, an denen wir uns niederlassen können.

„Was machen wir hier?“, frage ich.

„Wir sind Gefangene des IS“, antwortet die Frau, die sich uns als Zahra vorstellt. In knappen Worten erklärt sie, was uns erwartet. Wir sollen uns ruhig verhalten, nur nicht auffallen. Zwei-, dreimal in der Woche kommen

Soldaten und holen Frauen ab. „Wir wissen selbst nicht genau, was mit ihnen geschieht“, gibt Zahra zu. „Es kann sein, dass sie verheiratet werden. Vielleicht werden sie auch als Sklavinnen verkauft. Oder sie werden …“

Ich hebe die Hand, möchte vor allem meine Cousine, aber auch mich selbst vor der Wahrheit schützen. Zahra muss den Satz nicht beenden. Wir alle wissen, was sie meint.

Sozan und ich finden einen Platz in der Nähe eines Fensters.

„Das war vorhin sehr mutig von dir“, sage ich.

Meine Cousine zuckt nur mit den Schultern. „Ich wollte nicht, dass du allein bist. Es ist nicht schön, allein zu sein“, antwortet sie leise.

Ich nicke.

Unzählige verängstigte Augenpaare wenden sich zur Tür, als diese erneut geöffnet wird. Es ist der Fahrer mit drei weiteren bewaffneten Kämpfern. Sie versuchen, sich einen Überblick zu verschaffen, und winken uns, die neuen Mädchen, zu sich.

Ich habe Angst, lasse mir aber nichts anmerken. Ich habe davon gehört, dass die Dschihadisten Christen, Jesiden und Kurden – Ungläubige, wie sie sie nennen – töten, wenn sie nicht zum Islam übertreten wollen. Aber ich habe dieselbe Religion wie diese Kämpfer, glaube an denselben Gott. Mir werden sie bestimmt nichts tun.

„Wir werden gute Muslimas aus euch machen“, erklärt der Fahrer.

„Wir sind gute Muslimas“, antworte ich mit allem Mut, den ich aufbringen kann.

„Ihr wollt gute Muslimas sein?“ Er lacht, dass sein ganzer Körper bebt.

„Ja“, erwidere ich. „Wir sind Schwestern und Brüder in unserem Glauben.“

Er hört auf zu lachen und fixiert mich mit einem bösen Blick. „Schau dich an! Wie du schon herumläufst!“, herrscht er mich an.

Wie ich herumlaufe? Wie immer. Wie jedes Mädchen in meinem Alter. Mit einem T-Shirt und einer Jeans. Das sage ich natürlich nicht, sondern wünsche mir, ich hätte die Abaya und den Niqab an. Betreten schaue ich zu Boden. „Nur nicht auffallen“, hat Zahra doch gesagt. Warum nur habe ich mich nicht daran gehalten?

Unser Fahrer ballt die Faust, sein Gesicht ist rot vor Zorn. „Du willst eine gute Muslima sein? *Ich* werde aus dir eine gute Muslima machen!“

Dann geht alles ganz schnell. Zwei seiner Begleiter ergreifen mich, führen mich hinaus. Ich höre Sozan meinen Namen rufen. Sie schubsen mich in einen kleinen, dunklen Raum, ich falle zu Boden. Hinter mir wird die Tür abgeschlossen. Auf den Knien rutsche ich langsam weiter, taste den Boden ab, stoße mir den Kopf an der Wand. Ich kauere mich in die Ecke, halte meine Knie fest umschlungen. Ich zittere, verzweifle, bete. Weinend schreie ich nach meiner Mutter.

Jetzt ist mir klar, warum sie nicht gesagt hat, dass alles gut wird. Nichts ist gut. Gar nichts! Der Krieg ist nicht gut. Die Dschihadisten sind nicht gut. Mein Leben ist nicht gut. Es ist *nicht* gut!

Ich bin wütend. Wütend auf diesen verfluchten Krieg, auf das Leben, auf Mama. Warum hat sie nicht gesagt, dass es gut wird?

Wie lange ich so dasitze, weiß ich nicht. Aus dem

Nebenraum höre ich Schreie, die meinen ganzen Körper durchdringen. Ich halte mir die Ohren zu.

Irgendwann wird die Tür wieder geöffnet und zwei Frauen treten ein. Sie sind Polizistinnen des IS, sogenannte Sittenwächterinnen der Al-Khansaa-Brigade. Ihre Aufgabe ist es, zu kontrollieren, dass Frauen die Gesetze der Dschihadisten einhalten. Sie verlangen, dass ich mein T-Shirt ausziehe. Als die Peitsche zum ersten Mal meinen Rücken trifft, werde ich bewusstlos.

Langsam komme ich zu mir. Ich liege neben meiner Cousine, trage meine Abaya und auch den Niqab. Mein Rücken schmerzt und der Kopf dröhnt. Mir ist schlecht und schwindlig.

Sozan hält meine Hand. „Was ist passiert?", fragt sie voller Sorge.

Ich antworte nicht. Ich weiß es ja selbst nicht genau.

19. Kapitel

Wie Zahra es gesagt hat, werden immer wieder Frauen abgeholt. Neue kommen dazu. Wir müssen zweimal täglich zum Religionsunterricht, lesen in der Scharia, dem islamischen Recht. Man bringt uns bei, wie man richtig betet und sich als Muslima benimmt. Wir lernen, dass Allahs Gesetze die einzigen sind und nichts ihm gleichgestellt werden kann.

Sozan und ich fügen uns. So wie die anderen auch. Wir sprechen die Gebete der Dschihadisten und stimmen ihnen zu. Im Gegenzug werden wir nicht bestraft, bekommen etwas zu essen und zu trinken.

Ich frage mich, wie es Papa und meinen Brüdern geht. Wurden sie gefangen genommen? Hat Abdul auch sie verkauft? Müssen sie kämpfen?

Die Frauen erzählen, dass die Dschihadisten schon kleine Kinder zu Soldaten ausbilden. Jungen ab fünf lernen zu schießen und sind bei öffentlichen Tötungen dabei, die der IS zur Abschreckung durchführt. Mit Drohungen und Geschenken bringen sie sie zum Kämpfen.

„Gehirnwäsche", urteilt Zahra, mit der ich am vierten oder fünften Tag über unsere Lage spreche. „Sie reden schon den Kleinsten ein, dass die Ungläubigen sie und ihre Familien töten wollen und dass der IS besser auf sie aufpasst als ihre eigenen Eltern."

Dann kommt ein Mann herein und nimmt Zahra mit. Sie wehrt sich nicht. Sie dreht sich noch einmal zu mir um. „Verliere nicht den Mut", flüstert sie und lächelt.

Ich habe noch nie ein so trauriges Lächeln gesehen.

Die Tage vergehen. Fast drei Wochen sind wir nun schon hier. Wir warten, beten, schlafen und essen. Viele neue Mädchen sind gekommen. Eines hat ein Handy hereingeschmuggelt, ruft die Eltern an, fleht um Hilfe, wird erwischt und abgeführt.

Wir waschen und pflegen uns nicht. Meine Haare sind fettig. Ich stinke. Die anderen haben uns gewarnt. Die hübschen Mädchen werden nach kurzer Zeit abgeholt.

Sozan und mich trifft es an einem Dienstag. Es ist ein junger, schmächtiger Kämpfer, der uns mitnimmt. Er kommt mir bekannt vor.

„Said?“, frage ich, als wir nebeneinander über den Hof laufen.

Er stutzt, hält einen Moment inne.

„Ich bin es! Mayssam, Mayssam al-Sayed!“

„Mayssam?“, erwidert er ungläubig.

Ich kann es nicht fassen! Dieser Soldat ist Said, mit dem ich sechs Jahre lang zur Schule gegangen bin. Wir waren gute Freunde, haben sogar ein Jahr lang nebeneinandergesessen. Auch ihm ist die Überraschung deutlich anzusehen. Jedoch fängt er sich schnell.

„Abu Mudjahid“, stellt er klar. Das ist sein Kampfname, den er vom IS erhalten hat.

„Said, was wirst du uns antun?“, frage ich ängstlich.

„Geh weiter!“, befiehlt er.

Ich erinnere ihn an unsere Freundschaft, an die Streiche, die Geburtstagsfeiern, die Ferien, die wir zusammen verbracht haben, und daran, dass ich immer die Rechenaufgaben bei ihm abgeschrieben habe. Ich lache, weine, flehe.

„Schweig!“, sagt er nur.

Said bringt uns in eine Art Büro. Wir müssen unsere Niqabs ablegen. Ein wichtig aussehender Mann mustert uns von oben bis unten. Obwohl ich meine Abaya trage, fühle ich mich unwohl, fast nackt. „Die beiden könnten etwas für Hasan sein", urteilt er schließlich. „Lass sie nach ar-Raqqa bringen."

Said wird sichtlich nervös. „Ar-Raqqa?", wiederholt er.

Der Mann nickt.

„Darf … darf ich den Transport selbst übernehmen?", fragt Said.

Der andere lacht. Noch einmal lässt er seinen Blick an uns auf- und abgleiten. „Warum nicht? Gute Wahl", sagt er und grinst. „Abu Usama wird euch fahren."

Wir bekommen unsere Rucksäcke und sogar mein Handy zurück. Anscheinend haben sie Vertrauen in ihre Erziehung, denken, dass ich jetzt eine gute Muslima bin.

Wenig später sitzen wir zu viert in einem Auto und verlassen das Gelände. Abu Usama ist kein redseliger Mann. Auch wir haben keine Lust zu sprechen. Also schweigen wir einander an.

Als wir durch ein kleines Wäldchen fahren, ist es Said, der die Stille durchbricht. „Ich muss mal", sagt er.

„Du wartest!", zischt Abu Usama.

„Ich muss mal", wiederholt Said und schlägt die Beine übereinander.

Abu Usama überlegt kurz und bremst dann ab. „Beeil dich!"

Said verschwindet hinter einem Baum. „Abu Usama!", ruft er auf einmal. „Abu Usama, komm schnell!"

Unser Fahrer seufzt. Er öffnet die Tür und steigt aus.

Said winkt ihn zu sich. „Beeilung!", sagt er.

Tatsächlich beschleunigt Abu Usama seine Schritte. „Was ist denn?", fragt er genervt.

Said deutet zu Boden, Abu Usama bückt sich. Blitzschnell greift Said nach einem dicken Ast und zieht ihn dem Soldaten über den Schädel. Der fällt um und bleibt regungslos liegen. Sozan und ich verstehen nicht. Wir springen aus dem Auto, eilen zu den beiden Kämpfern.

„Lauft! Lauft weg!", stößt Said hervor. „Lauft, so schnell ihr könnt! Ein paar Kilometer von hier ist ein Dorf. Ihr müsst Richtung Norden gehen. Omar erwartet euch. Er wird euch helfen."

„Aber wie … warum … was … was wird aus dir?", stammle ich.

„Mach dir keine Sorgen", beruhigt er mich. „Ich werde sagen, dass ihr uns ausgetrickst habt und geflüchtet seid. Sie werden eben eine Zeit lang über uns lachen … Ich kann nicht zulassen, dass ihr zu Hasan nach ar-Raqqa kommt. Nicht ihr, nicht du! Und jetzt lauft!"

20. Kapitel

Einen Moment zögere ich. Sind ein paar schlechte Witze wirklich alles, was Said bei seiner Rückkehr erwarten wird? Dann schnappen Sozan und ich uns die Rucksäcke und rennen los, so schnell wir das in unseren Abayas können. Wir hetzen durch den Wald, als wäre der Leibhaftige hinter uns her. Weder Dornen noch Äste, Gestrüpp oder Baumstämme, die über dem Weg liegen, halten uns auf.

„Ich kann nicht mehr", keucht Sozan schließlich.

Erschöpft bleiben wir stehen und stützen uns auf unseren Oberschenkeln ab.

„Wir sind weit genug entfernt", japse ich und hoffe, dass das stimmt.

„Glaubst du, dass wir diesem Omar vertrauen können?", fragt Sozan.

Ich zucke mit den Schultern, denn ich habe keine Ahnung. Aber ich weiß, dass er unsere einzige Hoffnung ist.

Wir laufen weiter. Bald sind die ersten Häuser zu sehen. Das muss das Dorf sein, von dem Said gesprochen hat. Soldaten marschieren auf und ab, halten Wache. Wir legen uns auf den Boden und beobachten. Erst als es dunkel wird, robben wir langsam vorwärts bis zum Waldrand.

„Wie sollen wir denn unbemerkt ins Dorf kommen?", flüstert Sozan.

Frauen ist es nicht erlaubt, ohne männliche Begleitung das Haus zu verlassen. Man würde uns sofort verhaften.

„Pst", mache ich, obwohl die Männer viel zu weit weg sind, um uns zu hören. Ich muss nachdenken.

Plötzlich knackt ein Ast hinter uns. Erschrocken drehen wir uns um. Ein Mann hält Sozan den Mund zu, bevor sie schreien kann. Sie wehrt sich, tritt und schlägt mit den Armen wild um sich. Auch ich trommle mit den Fäusten auf den Fremden ein.

„Ich bin Omar", bringt er hastig hervor. „Said hat mich geschickt."

Ich atme erleichtert auf. Auch Sozan beruhigt sich.

Omar führt uns zu einer kleinen Hütte im Wald. Dort können wir uns mit frischem Obst und Fladenbrot stärken. Wie gut das tut! Fast schon habe ich vergessen, wie eine Orange schmeckt.

„In zwei Stunden werden die Wachmänner abgelöst", erklärt uns Omar. „Ein Freund von mir hat Dienst. Er wird uns keine Probleme machen."

Ich greife zu einem weiteren Orangenstück, stecke es in den Mund und genieße den Saft. Dann holt mich die Realität ein: Wie es wohl Papa und meinen Brüdern geht? Ob sie auch zu essen haben? Und Mama, Lili und meine Großeltern? Ich weiß nicht einmal, ob sie noch am Leben sind.

Auf einmal habe ich einen seltsamen Geschmack im Mund. Ich habe keine Ahnung, was es ist. Mein Bauch tut weh. Irgendetwas schnürt mir die Kehle zu.

„Ist alles in Ordnung?", fragt Omar, als ich das angebissene Orangenstück zurück auf den Teller lege.

„Ja", antworte ich wenig überzeugend.

„Keine Angst", versucht Omar mir Mut zu machen. „Du kannst meinem Freund vertrauen. Er wird uns helfen."

Ich schenke ihm ein vorsichtiges Lächeln. Vertrauen ist ein großes Wort für mich geworden.

Dann müssen wir los. Omars Auto parkt hinter einem kleinen Hügel und ist vom Dorf aus nicht zu sehen. Er öffnet den Kofferraum. Meine Cousine wirft mir einen unsicheren Blick zu. Ich steige hinein, Sozan folgt meinem Beispiel. Es ist eng und unbequem.

„Es dauert nicht lange", beruhigt uns Omar.

Das Auto fährt langsam. Schon nach kurzer Zeit stoppt es. Wir müssen am Checkpoint sein. Ich wage es nicht, mich zu rühren. Jedes Geräusch könnte uns verraten. Es dauert lang, auffällig lang. Omar hat doch gesagt, dass sein Freund keine Probleme machen würde. Was ist da los? Stellt er doch Fragen?

Eine Tür fällt ins Schloss, Schritte kommen näher. „Öffnen Sie den Kofferraum", höre ich jemanden sagen. Kurz darauf brüllt dieselbe Stimme: „Sofort Kofferraum öffnen!"

Es ist aus! Wir sind entdeckt!

„Gibt es hier ein Problem, Soldat?", mischt sich jemand ein.

„Nein … nein, natürlich nicht", stammelt der andere. „Ich wollte nur den Kofferraum überprüfen."

„Lassen Sie den Mann passieren!"

„Aber …"

„Kein Aber! Wer hat hier das Kommando? Sie oder ich?"

Die Tür wird zugeschlagen, der Motor geht an, wir fahren weiter. Nach kurzer Zeit hält das Auto erneut. Omar öffnet den Kofferraum und hilft uns auszusteigen. „Das wäre beinahe schiefgegangen", sagt er.

Omars blassem Gesicht ist deutlich anzusehen, dass ihm der Schreck noch in den Gliedern steckt. Sein

Freund hat sich verspätet und den Kollegen nicht zur vereinbarten Uhrzeit abgelöst, erklärt er uns. Ich mag gar nicht darüber nachdenken, was passiert wäre, wenn er auch nur eine Minute später gekommen wäre.

„Seht ihr den Turm da vorne?", fragt Omar. Wir nicken. „Dort ist schon die Türkei. Von hier aus gehen wir zu Fuß weiter", erklärt er. Wieder nicken wir.

„Ich bin so schrecklich müde", jammert Sozan.

Darauf kann Omar keine Rücksicht nehmen. „Wir können nicht warten", sagt er. „Es wird jeden Tag schwieriger, die Grenze zu überqueren. Heute wird hier nicht stark kontrolliert."

Das ist unsere Chance, Syrien und den Krieg hinter uns zu lassen. Die Chance auf ein Leben in Sicherheit. Hand in Hand gehen Sozan und ich weiter. Wir stolpern über einen Acker. Immer wieder knicke ich um. Meiner Cousine geht es nicht besser.

Omar mahnt uns zur Eile. Ein paar Hundert Meter entfernt leuchten Scheinwerfer die Gegend ab. Wenn der Lichtkegel sich unserer kleinen Gruppe nähert, verschwinden wir rasch in den Sträuchern, die neben dem Acker wachsen. Stocksteif stehen wir dann da, sind mucksmäuschenstill.

„Sie schießen auf alles, was sich bewegt", warnt uns Omar.

Jetzt ist die Grenze nicht mehr weit. Ich kann schon den Stacheldraht sehen. Wir verstecken uns im Gebüsch und beobachten, wie sich der Lichtkegel bewegt. Hin, her, hin, her, hin, her. Immer im selben Rhythmus.

„Auf mein Kommando laufen wir los", flüstert Omar. „Egal was passiert, ihr rennt einfach weiter!"

Angespannt fixieren wir den Scheinwerfer, verfolgen seine Bahn. Der Lichtkegel fährt die Grenze ab.

„Los!", ruft Omar.

Wir springen auf und hechten ihm hinterher.

„Lauft, lauft, lauft!", feuert er uns an.

Sozan stolpert, landet auf der Erde. Wir helfen ihr hoch und rennen weiter. Omar hält den Stacheldrahtzaun hoch. Ich schlüpfe hindurch, dann Sozan, Omar folgt. Der Lichtkegel kommt gefährlich nahe.

„Schneller!", schreie ich panisch.

Omars Hose bleibt hängen, hat sich in den Stacheln verhakt. Gleich ist das Licht da. Nur noch Sekunden. Omar zieht und zerrt. Bitte nicht!

„Lauft weiter!", stößt er hervor. Der Lichtkegel erfasst ihn, Alarm wird ausgelöst. Mit einem heftigen Ruck reißt er sich los.

21. Kapitel

Hinter uns knallen Schüsse. Neben uns. Überall. Wir laufen, laufen wie von Sinnen. Immer weiter, immer geradeaus. Ich spüre keine Schmerzen mehr, keine Müdigkeit, keine Angst. Ich renne einfach.

„Mayssam! Sozan! Das reicht!", ruft Omar endlich.

Erleichtert lassen wir uns zu Boden fallen, schnaufen, japsen, ringen nach Luft. Mit zitternden Händen fasse ich in die Erde und lasse sie durch meine Finger rieseln. „Wir haben es geschafft", juble ich. Sozan lacht, kann gar nicht mehr aufhören.

Omar telefoniert mit einem Freund. Bald darauf kommt ein Taxi. „Bring die beiden ins Lager", bittet er. Dann wendet er sich uns zu. „Habt ihr Geld?", fragt er.

„Ein bisschen", antworte ich.

Omar bezahlt den Fahrer und winkt ab, als wir ihm danken wollen. „Saids Freunde sind auch meine Freunde", sagt er und verschwindet.

Auch wir machen uns auf den Weg. Das Lager befindet sich nur wenige Autominuten entfernt. Es ist eine Auffangstätte für Flüchtlinge. Eine freundliche ältere Frau kümmert sich um uns. Sie zeigt uns ein Zelt, in dem wir schlafen dürfen. Endlich schlafen!

Wir bekommen Kartons, auf die wir uns legen können. Glücklich halte ich Sozans Hand. „Wir sind in Sicherheit, kleine Cousine", sage ich. Sie schnarcht schon. Auch ich bin so erschöpft, dass ich schnell einschlafe.

Am nächsten Morgen streifen wir zuerst unsere Abayas und Niqabs ab und tauschen sie gegen unsere gewohnte

Kleidung. Sozans blutbeflecktes T-Shirt wandert in den Rucksack. Ich könnte tanzen vor Freude und bin unheimlich stolz auf sie.

Dann begeben wir uns auf Erkundungstour. Letzte Nacht ist uns gar nicht aufgefallen, wie viele Zelte hier aufgebaut sind. Ganz dicht stehen sie nebeneinander. Denen, die ein Zelt haben, geht es besonders gut. Andere haben nicht so viel Glück, sie hausen in zugigen Bretterverschlägen mit einer Plastikfolie als Dach. Um die tausend Menschen haben hier Unterschlupf gefunden, erzählt man uns. Es gibt acht Toiletten und genauso viele Waschgelegenheiten.

In den letzten Tagen hat es stark geregnet. Der Boden ist matschig. Auch unsere Kartons haben die Nässe aufgesogen, sind schon feucht und aufgeweicht. Einige wenige haben Matratzen zugeteilt bekommen. Andere liegen auf dem blanken Boden, haben nicht einmal ein Stück Karton zwischen sich und der nassen Erde. Kinder weinen, Menschen husten und schniefen. Viele sind krank, einige davon schwer. Medizinisch versorgt wird nur, wer im Voraus bezahlen kann.

Jeden Tag werden Lebensmittel ausgeteilt. Wir stehen oft stundenlang an. Nicht immer reicht es für alle.

Von einem öffentlichen Telefon aus rufe ich Mama an und sage ihr, dass wir in Sicherheit sind. Ich höre, wie erleichtert sie ist. Ihr und Lili geht es gut, aber ihr Bruder hat einen Einberufungsbefehl zur syrischen Armee bekommen. Er ist untergetaucht und versteckt sich bei meinen Großeltern. Gestern wurde er bei einem Angriff verwundet. Sie können ihn nicht ins Krankenhaus bringen. Assads Soldaten kontrollieren die Verletzten, würden ihn verhaften und zum Kämpfen zwingen. Ich soll mir aber keine Sorgen machen. Papa und die Jungen haben sich bis Griechenland durchgeschlagen. Mir fällt ein Stein vom Herzen. Dann bricht die Verbindung ab.

Die Temperaturen sinken, vor allem die Nächte werden kälter. Hilfsorganisationen verteilen warme Kleidung. Viele Menschen haben nur T-Shirts, kurze Hosen und Flip-Flops.

In unserem Zelt schlafen jetzt noch zwei weitere Mädchen. Sie kommen aus Afghanistan. Wir können uns nur auf Englisch unterhalten, und das nicht besonders gut. Auch mit anderen Flüchtlingen komme ich ins Gespräch. Auf der Flucht – das lerne ich schnell – sind alle Menschen gleich. Egal ob man Universitätsprofessor war oder Straßenkehrer, Bankdirektor oder Busfahrer, Managerin oder Putzfrau. Es macht keinen Unterschied. Man sitzt im selben Zelt, schläft auf derselben Erde, hofft auf dasselbe alte Stück Brot.

Es regnet oft, der Wind ist manchmal heftig. Einmal müssen wir das Zelt festhalten, so sehr stürmt es. Kleidungsstücke, Müll und Gegenstände wirbeln durch die Luft. Der Weg zu den Toiletten ist matschig. Wir rutschen mehr, als dass wir gehen, finden kaum Halt auf dem schlammigen Boden.

Wir frieren. Unsere Kleidung ist durchnässt. Wir haben keine Möglichkeit, sie zu trocknen. In einigen Zelten gibt es Heizstrahler. In unserem nicht. Alles was wir bekommen können, verwenden wir als Matratzen oder Decken.

Als es zu schneien beginnt, rücken wir im Zelt noch enger zusammen. Immer wieder müssen wir aufstehen und das Dach von dem schweren, nassen Schnee befreien, damit es nicht einstürzt.

Die Warterei sind wir mittlerweile gewohnt. Sinnvoll nutzen können wir die Zeit kaum. Ich unterhalte mich mit Sozan und unseren Zeltnachbarn, halte unsere Unterkunft sauber und helfe, wo ich kann. Eine alte Frau ist zu schwach, um sich bei der Lebensmittelausgabe anzustellen. Ich bringe ihr Brot und Obst mit. Sie schenkt mir dafür ein Heft und einen Bleistift.

Ich zeichne oft stundenlang, meistens Adler. Ich liebe diese Tiere. Sie sind so stolz, so herrschaftlich. Wenn ein Adler seine majestätischen Schwingen spreizt und durch die Lüfte segelt, muss er sich unendlich frei fühlen.

Mehr können wir in diesem Lager nicht tun. Sitzen, warten, träumen – das ist alles. Ja, und oft, meist in der Nacht, zerbreche ich mir den Kopf, wie wir weiter nach Griechenland kommen sollen – ganz allein, praktisch ohne Geld.

Wir haben nichts mehr. Nur unsere Hoffnung. Sie ist alles, was bleibt.

22. Kapitel

Sozan und ich dürfen bei der Essensausgabe helfen. Dort lernen wir Negirvan kennen, einen jungen Kurden, der wie wir aus Syrien ist. Schnell freunden wir uns an. Er ist neunzehn Jahre alt und ganz allein auf der Flucht. Seine Eltern sind tot, drei seiner Brüder müssen kämpfen. Nur einer konnte sich rechtzeitig retten und nach Schweden flüchten.

„Ich gehe nach Istanbul", sagt Negirvan eines Tages, als wir die Lebensmittel sortieren. „Von dort aus ist es leichter, nach Schweden zu kommen. Wollt ihr mit?" Er hat sich bereits ein Ticket gekauft, der Bus geht in einer Stunde.

Ich weiß nicht so recht. Wir haben kaum Geld. Wie geht es weiter, wenn wir in Istanbul sind? Mit Sozan kann ich das nicht besprechen. Sie ist viel zu jung und hat Angst. *Ich* muss diese Entscheidung treffen.

Ich denke kurz nach und beschließe, dass Istanbul unsere beste Option ist. Dann sage ich zu Sozan: „Pack deine Sachen zusammen." Sie vertraut mir.

Wenig später sind wir startbereit. Negirvan führt uns zu der Bushaltestelle. Ich gebe ihm unsere letzten Scheine. Er löst zwei Fahrkarten für uns und drückt mir das Wechselgeld in die Hand. Viel ist es nicht.

Wir steigen in den Bus Richtung Istanbul. Ich mache mir Sorgen, dass man uns aufgreift und verhaftet. Wir haben keine Dokumente und dürften gar nicht in der Türkei sein. Bestimmt würde man uns sofort zurück nach Syrien bringen.

Negirvan beruhigt mich. „Es gibt keine Kontrollen", sagt er. „Die Polizei schaut weg. Je schneller wir ihr Land verlassen, umso lieber ist es ihnen."

Ich bewundere ihn. Er ist so schlau und lässt sich durch nichts aus der Ruhe bringen. Ich bin froh, dass wir uns ihm angeschlossen haben.

Negirvan hat Verwandte in Istanbul. Sie küssen und umarmen ihn zur Begrüßung, wollen ihn gar nicht mehr loslassen. Uns stellt er als Freundinnen vor. Das reicht, um von der Familie herzlich aufgenommen zu werden. Die Frau, ich glaube, es ist Negirvans Tante, heißt Jasmine. Sie kocht für uns. Hungrig stürzen wir uns auf das erste warme Essen seit Monaten. Wie unglaublich gut das tut! Ich weine, als der Löffel mit heißer Suppe in meinen Mund wandert.

Erschrocken schaut mich Jasmine an. „Ist es nicht gut?", fragt sie besorgt.

„Nein, nein!", beeile ich mich zu sagen. „Es ist nur so schön, hier zu sein!"

Wir genießen jeden Löffel. Zufrieden lehne ich mich zurück und streiche mir über den Bauch. Ich habe ganz vergessen, wie sich ein voller Magen anfühlt.

Nach dem Essen dürfen wir duschen. In einer richtigen, sauberen Dusche. Mit warmem Wasser. Und Seife!

Die Tante hat uns eine Schlafstätte auf dem Sofa gerichtet. Sie entschuldigt sich, dass es nicht mehr Platz für uns gibt. Wir sind unheimlich dankbar. Sozan und ich legen uns nebeneinander auf die bequeme Couch, kuscheln uns in die weichen Decken und Kissen.

„Ich bin so glücklich", sagt Sozan. Zum ersten Mal lässt sie das T-Shirt mit dem Blut ihres Vaters auch nachts im Rucksack. Dafür greife ich nach langer Zeit wieder nach meinem Teddy. Er hat es auch verdient, in einem gemütlichen Bett zu schlafen.

Ich lege meinen Kopf an seinen Bauch. Aber was ist das? Es knistert. Da ist ein Loch. Ich untersuche die Stelle. Vielleicht kann man sie stopfen. Mit den Fingern fühle ich behutsam ins Innere. Ich spüre etwas. Papier? Ein Brief von Papa? Vorsichtig ziehe ich das Bündel heraus. Es ist Geld. Geld, Geld, Geld! Träume ich etwa? Ich jauchze vor Freude.

Sozan, die schon fast geschlafen hat, schreckt hoch. „Was ist passiert?“, fragt sie ängstlich.

Ich zeige ihr die Scheine. Sie strahlt.

Negirvans Tante besteht darauf, dass wir ein paar Tage bei ihr und ihrem Mann Murat bleiben. Wir müssen zu Kräften kommen, erklärt sie uns. Nur zu gerne nehmen wir die Einladung an, lassen uns verwöhnen und bemuttern, genießen das gute Essen und ihre Aufmerksamkeit. Vor lauter Glück vergessen wir fast die Schrecken, die wir erlebt haben.

Ich darf den Akku meines Handys aufladen. Ich habe einige verpasste Anrufe von Mama und Papa. Der letzte kam vor zwei Tagen. Mehrmals versuche ich, meine Eltern zu erreichen. Wenn ich Mamas Nummer wähle, ertönt nicht einmal das Freizeichen. Das Telefon meines Vaters ist ausgeschaltet. Ich habe die wildesten Theorien, warum das so ist. Ich verbiete mir diese Gedanken. Bestimmt sind sie genau wie wir in Sicherheit. Vielleicht ist der Akku leer oder es kann einfach keine Verbindung aufgebaut werden. Es gibt Hunderte von Möglichkeiten.

Jasmines Mann lässt uns in seinem Lebensmittelladen arbeiten. Wir räumen auf, befüllen Regale, putzen die riesigen Schaufenster. Er gibt uns Geld dafür. Wir wollen es nicht annehmen. Die beiden tun doch schon genug für uns. Mit unserer Arbeit wollen wir ein bisschen zurückgeben. Aber die Tante besteht darauf. „Ihr werdet es noch brauchen", sagt sie.

Negirvan hält sich tagsüber meist am Hafen auf. Hier werden die großen Lastwagen be- und entladen. Er ist auf der Suche nach einer Mitfahrgelegenheit. Am liebsten bis Schweden, wenigstens aber über die Grenze nach Griechenland.

Ein Fahrer bietet ihm einen Platz unter seinem Lkw an. Zum Sonderpreis. Negirvan willigt ein. Wir begleiten ihn zum Hafen, um uns zu verabschieden.

Der Fahrer zeigt Negirvan eine Metallstange zwischen der Bodenplatte und der Straße. Sie ist fünfzehn, höchstens zwanzig Zentimeter breit. Darauf soll er sich legen und sich an einem Griff in Brusthöhe festhalten. Der Fahrer macht es ihm vor. Gerade soll er liegen, die Beine auf keinen Fall abbiegen und die Füße möglichst flach halten.

Misstrauisch begutachte ich die Konstruktion. Negirvan ist sehr groß. Die Reifen drehen sich gefährlich nahe an seinem Kopf. Mir ist klar, dass jede falsche Bewegung tödlich sein kann.

Über vierzig Stunden werden sie unterwegs sein. Eine Pause ist eingeplant, möglicherweise auch zwei. Je nachdem, wie gut sie vorankommen. Der Fahrer muss seinen Liefertermin einhalten. Ich habe kein gutes Gefühl dabei.

23. Kapitel

Während Negirvan auf dem Weg nach Schweden ist, stellt sein Onkel uns Khalil vor, einen Schlepper. Er bringt Flüchtlinge über das Meer nach Griechenland. Jetzt soll er auch uns helfen.

„Khalil ist ein guter Mann“, versichert uns Negirvans Onkel. Er ist mit seiner Familie aus Syrien geflüchtet, hat den Krieg und das Leid selbst erlebt. Auf der Flucht sind seine beiden kleinen Enkelsöhne gestorben. Wie das passiert ist, weiß Murat nicht. Khalil spricht nicht darüber. Aber seitdem hilft er Flüchtlingen, sicher nach Europa zu kommen.

Wir lernen ihn beim Abendessen kennen. Er ist ein netter, höflicher Mann, ungefähr so alt wie mein Großvater. Und er fragt nicht gleich nach Geld. Khalil scheint sich wirklich für uns zu interessieren.

Wir erzählen ihm die Geschichte unserer Flucht. Er hört zu, schweigt, schaut betroffen zu Boden, stellt erst am Ende Fragen. Dann erklärt er uns genau, wie er uns nach Griechenland bringen will. Zum ersten Mal habe ich das Gefühl, nicht ins Ungewisse zu reisen.

Am nächsten Morgen holt Khalil uns ab. Der Abschied von Jasmine fällt uns schwer. Wir mussten in den letzten Monaten so stark, so erwachsen sein. Es hat gutgetan, wieder Kind sein zu können und umsorgt zu werden.

„Meldet euch“, sagt sie und wischt sich die Tränen aus dem Gesicht. „Und passt auf euch auf!“

Mit anderen Flüchtlingen, hauptsächlich Familien mit kleinen Kindern, nehmen wir in Khalils Kleintransporter Platz. Er fährt uns in die Nähe von Izmir. Das Meer ist höchstens einen Steinwurf entfernt. Ich kann es sehen und riechen. Auf der anderen Seite liegt Griechenland … Europa … Sicherheit.

In riesigen Containern warten unzählige Menschen auf die Überfahrt. Einer davon scheint Khalil zu gehören. Hier bringt er uns unter. Eine Heizung gibt es nicht. Trotzdem ist die Hitze kaum zu ertragen. Wieder heißt es, geduldig zu sein und zu warten.

Khalil kümmert sich gut um uns. Er kommt jeden Tag mit frischen Lebensmitteln vorbei und macht uns Mut. Wir dürfen uns frei bewegen. Sogar Spaziergänge sind erlaubt. Das ist nicht selbstverständlich. In anderen Containern werden Menschen von ihren Schleppern eingesperrt, mit Waffen bedroht und ruhig gehalten. Sie bekommen nur wenig zu essen und zu trinken.

Alle warten auf einen freien Platz in einem Boot. Jeder will der Nächste sein. Ein paar Männer zweifeln daran, dass Khalil uns wirklich helfen will. Er hält uns hin, meinen sie. Mal ist der Wellengang angeblich zu stark, dann ist es zu stürmisch oder er hat es nicht geschafft, den Offizier zu bestechen.

„Wie lange wird es noch dauern?", frage ich nach, als Khalil das nächste Mal auftaucht.

„Nicht mehr lange", antwortet er. „Vertraut mir bitte! Heute ist die See zu unruhig. Ich werde kein Risiko eingehen."

In dieser Nacht kommen zwei Männer in unseren Container. Sie bieten freie Plätze auf ihrem Boot an. Jetzt! 800 Dollar pro Person kostet die Überfahrt.

Menschen springen auf, drängen nach vorne, wedeln mit Geldscheinen. Die Männer kassieren. Einer kann die volle Summe nicht bezahlen, bittet um einen Kredit. „Sobald wir in Griechenland sind, bekommt ihr den Rest", schwört er, bietet seine wertvolle Armbanduhr als Sicherheit an. Die Männer sind unerbittlich. Er darf nur mit, wenn er alles bezahlen kann.

Sozan und ich beraten uns kurz. Wir beschließen, auf Khalil zu warten. So ist es abgesprochen.

Am nächsten Tag verbreitet sich die Nachricht, dass das Boot gekentert ist. Fast zweihundert Menschen soll das Meer für immer verschluckt haben, vor allem Kinder. Den Berichten der anderen Flüchtlinge nach ist das Alltag. Für viele scheint die hoffnungsvolle Reise eine Reise in den Tod zu sein.

Die Boote sind oft alt und morsch. Dass sie außerdem völlig überfüllt sind, habe ich selbst gesehen. „Die Schlepper wollen bei jeder Überfahrt so viel wie möglich verdienen", erklärt uns ein Mann. „Manchmal muss sogar einer der Passagiere das Schiff steuern, weil an der Besatzung gespart wird. Vielen Schleppern ist es egal, ob wir lebend in Griechenland ankommen. Unser Geld haben sie ja schon …"

Erst jetzt wird mir bewusst, wie gefährlich diese Reise ist. Trotzdem fiebern Sozan und ich dem Tag entgegen, an dem wir nach Griechenland aufbrechen können.

24. Kapitel

Endlich ist es auch für uns so weit. 400 Dollar bezahle ich für meine Überfahrt und noch einmal denselben Betrag für Sozan. Es ist kurz vor Mitternacht, als Khalil uns abholt und zu einem der Boote bringt. Um diese Uhrzeit kontrolliert die Küstenwache kaum, klärt er uns auf. Wir verhalten uns so leise wie möglich.

Alles muss schnell gehen. Einer nach dem anderen nimmt Platz. Wir sitzen eng aneinandergedrängt. Neben mir hockt eine junge Frau mit einem Baby. Auf ihrem Schoß sitzt ein Junge, der meinem Bruder Tamer unheimlich ähnlich sieht. Ich freue mich so darauf, ihn irgendwann wiederzusehen.

Schwerfällig setzt sich das Boot in Bewegung, wird von den Wellen hin und her geschaukelt. Für den Jungen neben mir ist das zu viel. Er kämpft gegen die Übelkeit, verliert, übergibt sich. Es ist kein Platz, sich umzudrehen oder über die Reling zu beugen. Das Erbrochene verteilt sich auf seinem Pullover und der Hose, über der Mutter. Sie tröstet ihn, wischt ihm mit ihrem Ärmel so gut es geht den Mund sauber. Es riecht säuerlich. Auch mir wird langsam schlecht.

Stocksteif sitzt der Junge da und starrt angewidert auf das Erbrochene. Ich würde gerne helfen, wenigstens ein feuchtes Tuch organisieren. Aber auch ich kann mich kaum bewegen.

Angespannt sitzen wir nebeneinander, lauschen dem Tuckern des Motors, hören, wie die Wellen gegen den Rumpf des Bootes schlagen. Khalil ist mit an Bord. Das beruhigt mich ein wenig. Bestimmt wäre er an Land geblieben, wenn das Boot uns alle ins Verderben steuern würde.

„Was ist das?“, fragt Sozan ängstlich. Sie meint das Knarren, das zunehmend lauter wird.

„Nur das Holz“, beruhige ich sie. „Das ist normal.“ Zumindest hoffe ich das. Ich versuche, die ganzen Geschichten, die ich über tödliche Überfahrten gehört habe, zu verdrängen. Will nicht daran denken, wie viele Flüchtlinge dieses Meer schon für immer verschlungen hat. „Das ist normal“, wiederhole ich und sage es mehr zu mir selbst als zu meiner Cousine.

Vor einer griechischen Insel wird der Motor abgestellt, damit die Küstenwache uns nicht bemerkt. Die Besatzung lässt Schlauchboote zu Wasser. Wir springen. Khalil fängt uns auf und zeigt uns unsere Plätze.

Plötzlich herrscht große Aufregung. Ein Mann mit einem Kind auf dem Arm hat eines der Boote verfehlt und ist im Wasser gelandet. Hektisch leuchtet der Seemann das Meer mit einer Taschenlampe ab. Wir hören Hilfeschreie.

Mühsam hält der Mann den Kopf des Kindes über Wasser. Die dicke, schwere Jacke, die er trägt, zieht ihn nach unten. Im Lichtschein verfolgen wir, wie er gegen das Ertrinken ankämpft. Panisch schlägt er mit den Händen um sich, geht unter, taucht auf. Wieder und immer wieder.

Der Seemann wirft den beiden einen Rettungsring zu. Das Kind hat keine Kraft, sich daran festzuklammern. Irgendwann schafft der Mann es, den nassen kleinen Körper hochzuhieven und den Rettungsring darunter zu platzieren. Er gibt ihm einen Stoß. Sofort greifen ein paar Männer nach dem Kind, ziehen es in das Boot, setzen es auf, klopfen ihm auf den Rücken. Wir jubeln.

Der Seemann nimmt das Ruder, will es dem Mann reichen, damit er sich daran festhalten kann. Er ist nicht mehr da.

„Papa!", ruft das Kind.

Keine Antwort.

25. Kapitel

Wir haben griechischen Boden unter unseren Füßen. Ich kann es kaum glauben! In einer alten Lagerhalle versorgen Khalil und ein paar Freiwillige uns mit Tee und Keksen. Er bietet uns einen Schlafplatz an.

„Wir suchen nach meinem Vater", lehne ich ab. Wir müssen so schnell wie möglich weiter. Dabei habe ich gar keine Ahnung, ob Papa und meine Brüder noch in Griechenland sind oder wie wir sie finden sollen. Vielleicht sind sie ja längst weitergezogen.

Khalil lächelt mir zu. Ich soll ihm von meinem Vater erzählen, bittet er mich. Das tue ich nur zu gerne. Es sprudelt aus mir heraus, ich bin gar nicht mehr zu bremsen, berichte von seiner Arbeit, seinem Mut, seiner Liebe – davon, wie sehr er mir fehlt.

In der Halle gibt es die Möglichkeit, mein Handy aufzuladen. Ich wähle die Nummer meiner Mutter. Diesmal läutet es, doch sie hebt nicht ab. Auch Papa meldet sich nicht. Sein Telefon ist aus. Ich blättere in meinen Alben und zeige Khalil ein Foto meines Vaters. Es ist ziemlich neu. Ich habe es gemacht, kurz bevor diese Männer unsere Apotheke zerstört haben.

Khalil betrachtet die Aufnahme nachdenklich. „Er sieht sehr traurig aus", meint er. Ich nehme ihm das Telefon aus der Hand, schaue mir das Foto selbst genau an. Es tut so gut, die vertrauten Züge zu sehen. Aber Khalil hat recht. Warum habe ich die Traurigkeit im Blick meines Vaters bis jetzt nicht bemerkt?

Dann piepst mein Handy. Papa hat mir eine SMS geschickt. Vor einer Woche um 8.41 Uhr.

Neugierig beugt sich Sozan zu mir. „Was schreibt er?“

Ich lese vor: *„Meine geliebte Mayssam! Mein kleines, großes Mädchen! Ich weiß nicht, ob es dir gut geht und ob du meine Nachricht jemals lesen wirst. Ich hoffe es so sehr! Ich bete jeden Tag, jede Minute dafür, dass das Schicksal uns wieder zusammenführt. Du weißt, wie lieb ich dich habe. Tamer, Ahmad und ich sind in Serbien. Bald brechen wir auf in Richtung Österreich. Ich werde weiter versuchen, dich zu erreichen. Niemals werde ich die Hoffnung aufgeben. Bleibe mutig! In Liebe, dein Vater.“*

Tränen kullern mir über das Gesicht. Sozan nimmt mich in den Arm. Ich kann nicht stark sein. Nicht mehr …

„Es wird alles gut“, flüstert mir meine Cousine ins Ohr. Ihre Worte rütteln mich wach. Ja, natürlich. Alles wird gut. Auch wenn Mama es nicht gesagt hat, es wird alles gut. Es *muss* gut werden.

Trotzig wische ich mir die Tränen aus den Augen. „Wir müssen nach Serbien“, sage ich.

„Nach Serbien?“, wiederholt Khalil. „Lasst mich ein paar Anrufe erledigen.“

Kurze Zeit später kommt er strahlend zurück. „Mein Freund Angelos fährt in zwei Stunden nach Serbien, dann weiter nach Ungarn. Ihr könnt mit, wenn ihr wollt.“

Und ob wir das wollen! Ich falle Khalil um den Hals. „Tausend Dank“, sage ich.

Bescheiden winkt er ab. „Ich bin froh, wenn ich helfen kann“, meint er.

Khalil bringt uns und ein paar andere aus unserer Gruppe zu einem Rastplatz ganz in der Nähe. Dort parkt nur ein einziger Lkw, ein Kühlwagen mit der Aufschrift *Fruits and Vegetables* – Obst und Gemüse. Die Heckklappe steht offen. Jeweils zwei Personen sollen sich in einer der zahlreichen Obstkisten verstecken. Das sieht ziemlich eng aus. Schlimmer noch sind die niedrigen Temperaturen, um die Ware kühl zu halten …

Der Fahrpreis, den Khalil für uns ausgehandelt hat, ist relativ günstig. „Die Hälfte des Geldes braucht er, um die Grenzbeamten zu bestechen", erklärt uns Khalil. „Damit sie nicht zu viele Fragen stellen."

Ich bezahle den Fahrer. Es ist unser letztes Geld.

Sozan und ich klettern gemeinsam in eine der Kisten. Ich muss mich zusammenrollen. Meine Cousine zieht die Beine an, damit wir nebeneinander Platz haben. Dann legen Khalil und Angelos Bananen über uns, die noch ganz grün sind. Mit einem Stapler stellt unser Fahrer auf jede Kiste noch eine zur Tarnung.

Die Ladeklappe wird geschlossen. Es geht los.

„Es ist so kalt", weint jemand. „Ich halte das nicht aus."

Sozan und ich rücken dicht aneinander. Ich reibe mir die Hände. Sie macht es mir nach. Ich versuche, die Zehen, die bald klamm werden, zu bewegen. Wenn ich mit offenem Mund ausatme, bildet sich eine kleine Wolke. Ich forme meine Hände zu einer Schüssel, lege sie auf meinen Mund, hauche hinein. Mein Atem ist angenehm warm.

Sozans Zähne klappern. Ich rutsche noch näher an meine Cousine heran, umschlinge sie mit den Armen, wärme ihren zitternden Körper.

„Mir ist so furchtbar kalt", sagt sie.

Mir auch. Das Gewicht der Bananen drückt auf uns. Mir tut alles weh. Es ist unmöglich, meine Lage zu verändern. Nicht einmal ein bisschen strecken kann ich mich. Ich konzentriere mich auf Sozan und darauf, sie wach zu halten.

Im Schlaf kann sich der Körper nicht gegen die Kälte wehren. Das weiß ich von Papa. Solange wir zittern, sind unsere Muskeln in Bewegung und geben Wärme ab. Also rede ich auf Sozan ein, stelle ihr Fragen, erzähle. Gemeinsam malen wir uns aus, wie unser Leben sein wird. Ein Leben ohne Krieg.

26. Kapitel

Es gibt zwei längere Stopps. Die Ladeklappe bleibt geschlossen. Wahrscheinlich haben wir die Grenzen zu Mazedonien und Serbien bereits passiert. Lange halte ich es nicht mehr aus. Ich spüre meine Beine nicht, weiß nicht, ob sie nicht längst schon abgefroren sind.

Endlich scheinen wir unser Ziel erreicht zu haben. Die Klappe wird geöffnet. Angelos startet den Stapler, hebt eine Kiste nach der anderen herunter und befreit uns aus unserem Versteck.

Sozan streckt vorsichtig ihre Beine aus. „Au", jammert sie. Sie klettert aus der Kiste, reicht mir die Hände. Ich schüttle den Kopf. Ich habe kein Gefühl in meinen Fingern, die sich blaurot verfärbt haben. Jede Berührung schmerzt. Vorsichtig versuche ich, mich auf den Rücken zu drehen. Tut das weh!

Ich bewege die Zehen. Es kitzelt ganz merkwürdig. Ich strecke erst das eine Bein aus, dann das andere. Anschließend richte ich mich langsam auf. Es ist, als würde erst jetzt wieder Blut durch meinen Körper strömen. Sozan stützt mich, während ich aus der Kiste klettere.

Alle Passagiere versammeln sich hinter dem Lkw. Jeder reibt sich die Hände oder schlägt die Arme um den eigenen Körper. Einige zappeln, springen auf und ab oder laufen auf der Stelle.

Angelos erklärt uns, dass wir in Serbien sind. Er müsse jetzt die Ware abladen und fahre morgen weiter über Ungarn und Österreich nach Deutschland, um Obst abzuholen. Die Kühlung – so verspricht er es uns – bleibt diesmal aus.

„Treffpunkt hier um 4.30 Uhr“, richtet er sich an diejenigen, die mitfahren möchten. „Ich mache euch einen guten Preis.“

Mit meinen steif gefrorenen Fingern wähle ich Papas Nummer. Sein Handy ist aus. Auch Mama hebt nicht ab. Wenn ich nur wüsste, ob meine Familie schon in Deutschland ist oder noch hier in Serbien.

Sozan und ich beschließen, ein Stückchen zu laufen, um unseren Körpern Leben einzuhauchen. Dabei entdecken wir einen halbwegs geschützten Platz in einer Mulde. Er ist von der Straße aus nicht einsehbar. Hier sind wir sicher vor der Polizei.

Immer wieder probiere ich, Papa zu erreichen. Nichts. „Er würde bestimmt wollen, dass wir nach Deutschland weiterfahren“, sage ich. Sozan nickt. Damit ist die Entscheidung gefallen.

Wir schichten Moos und welke Blätter zu einer Schlafstelle auf. Ich suche ein Stück Holz und drehe darauf einen Ast. So will ich Feuer machen. Das habe ich einmal im Fernsehen gesehen. Es funktioniert aber nicht. Dafür kommt das Gefühl langsam in meine Finger zurück.

Wir schlafen auf dem Waldboden. Eigentlich schlafen wir nicht, sondern liegen nur da. Ich möchte die Abfahrt nicht verpassen. Außerdem hält uns der Hunger wach. Wir haben nicht einmal mehr Kekse. Was würde ich jetzt dafür geben, einen einzigen verdammten trockenen Keks zu essen.

Sozan geht es genauso. „Ich bin so hungrig“, jammert sie.

Ich lege meinen Arm um sie. „Versuch an etwas anderes zu denken.“

Mein Rat ist gut gemeint, aber nicht sonderlich hilfreich. Zehn bis fünfzehn Meter entfernt hat sich eine Familie niedergelassen. Die Frau kommt auf uns zu und reicht uns ein Stück Brot. „Mehr haben wir leider nicht", sagt sie und es klingt fast, als würde sie sich dafür entschuldigen. „Kaut es gut und lange", rät sie uns. Das tun wir! Endlos knabbern wir darauf herum und schlucken erst, als das Brot ganz breiig ist.

„Werdet ihr morgen auch mit Angelos fahren?", frage ich.

Die Frau nickt. „Ja", antwortet sie. „Wir glauben, dass es der schnellste und sicherste Weg ist." Sie erzählt uns von Freunden, die sich zu Fuß bis Österreich durchgeschlagen haben und dann mit einem Bus nach Deutschland gebracht wurden. Tagelang hätten sie vor der Grenze in der Schlange gestanden: Alte, Verletzte, Familien mit Babys und kleinen Kindern. Einen Mann habe die Grenzpolizei zurückgeschickt. Er hat es wieder und wieder versucht und wurde jedes Mal abgewiesen. „Dann hat er eine Frau mit einem Kind dafür bezahlt, dass sie ihn als ihren Mann ausgibt", berichtet sie. „Und dem Polizisten hat er fünfzig Euro in die Hand gedrückt, damit er keine weiteren Fragen stellt."

„Haben sie es bis nach Österreich geschafft?", will ich wissen.

„Ja, das haben sie."

Ich bin seltsam erleichtert.

„In Österreich haben sie dreiundzwanzig Stunden angestanden, um einen Platz in einem der Busse nach Deutschland zu bekommen. Meine Freundin ist schwanger, für sie war es besonders anstrengend. Sie hat nicht geschlafen. Nicht einmal zur Toilette ist sie gegangen. Wenn man seinen Platz in der Schlange verlässt, muss man sich hinten anstellen – egal ob der eigene Mann weiter vorne wartet oder nicht."

Ihr Kind ruft nach ihr. Schnell verabschiedet sie sich und wünscht uns alles Gute. Wir bedanken uns für das Brot und versuchen, uns etwas auszuruhen.

Irgendwann müssen wir eingenickt sein. Der Lärm eines laufenden Motors lässt uns hochschrecken. Wir rennen los. Gerade noch erreichen wir den Lkw, den Angelos genau in diesem Moment vom Parkplatz auf die Straße steuert. Wir schreien, springen, fuchteln wild mit den Armen.

Angelos bremst, lehnt sich aus dem offenen Fenster und grinst. „Da habt ihr ja noch einmal Glück gehabt!" Er hält seine Hand auf. Der Fahrerlohn! Daran habe ich nicht mehr gedacht. Verzweifelt durchwühle ich meinen Rucksack. Irgendwo muss doch noch …

„Nun mach schon, Kleine", sagt Angelos. „Wir können nicht ewig warten."

Sozan starrt mich entgeistert an. „Mayssam?", fragt sie verunsichert.

Angelos schüttelt den Kopf und kurbelt das Fenster hoch.

„Halt! Bitte warten Sie!", stoße ich hervor. „Ich … ich gebe Ihnen mein Handy." In meinen Hosentaschen krame ich nach dem Mobiltelefon und überreiche es unserem Fahrer.

Kritisch dreht und wendet er es in seinen breiten Händen. Dann nickt er und brummt: „Ausnahmsweise."

Er gibt mir das Handy noch einmal zurück, damit ich den Code deaktivieren kann. Rasch klicke ich durch meine Fotos: Lili beim Tanzen, Mama in der Apotheke, ein Familienfoto. Ich versuche, die Bilder aufzusaugen, sie zu einem Teil von mir zu machen. Vielleicht werde ich meine Familie niemals wiedersehen. Nun habe ich auch keine Fotos mehr. Nur meine Erinnerungen. Wenigstens die kann mir niemand nehmen.

Ich reiche Angelos mit zitternden Fingern das Handy. Er öffnet die Heckklappe und hilft uns in den Laderaum, in dem sich gut und gerne siebzig, achtzig Personen drängen. „Zusammenrutschen!", kommandiert der Fahrer.

Erschrocken starren Sozan und ich uns an. Wohin um alles in der Welt sollen die vielen Menschen denn rutschen? Überraschenderweise finden auch wir noch Platz.

Ich kann mich kaum rühren. Sozan klebt an meinem Körper. Neben mir steht ein kleiner, verschwitzter Mann. Ich würde gerne Abstand halten. Es geht nicht. Sein Gesicht bohrt sich gegen meine linke Brust. Ich hoffe, es ist keine Absicht.

Mit etwas Geduld gelingt es mir, meinen Arm ein paar Zentimeter nach vorne zu bewegen, um mich wenigstens ein bisschen zu schützen. So stehen wir da, Körper an Körper. Angelos hat Wort gehalten. Die Kühlung läuft nicht. Dafür wird es bald unerträglich heiß.

„Mir ist schwindlig", jammert meine Cousine.

„Du musst langsam und gleichmäßig atmen", weise ich sie an. „Ein und aus. Ein und aus. Genau, sehr gut!"

Plötzlich geht ein Ruck durch die Menge. Ich werde mit dem Kopf gegen die Ladeklappe geschleudert. Das brennt. Ich kann nicht einmal die Hand heben, um zu kontrollieren, ob ich blute.

Eine Frau ist ohnmächtig geworden. Sie ist in sich zusammengesunken. Umgefallen ist sie nicht. Dafür ist kein Platz. Die Menschen, die neben ihr stehen, stützen zwangsläufig ihren Körper. Der Begleiter der Frau ruft um Hilfe. Jemand beginnt, gegen die Wand zu trommeln, um den Fahrer auf uns aufmerksam zu machen. Andere folgen seinem Beispiel. Es dauert ein paar Minuten, dann hält der Lkw.

Angelos öffnet die Heckklappe und schreit uns an. „Seid ihr verrückt geworden? Wir sind kurz vor der Grenze! Wollt ihr, dass man uns entdeckt?"

Aufgeregt reden die Passagiere durcheinander.

„Ruhe!"

27. Kapitel

Der Körper der Frau wird zur Ladeklappe gereicht. Auch ihr Begleiter bahnt sich einen Weg durch die Menge. Nur wenige steigen aus, um Platz zu machen. Als ob sie Angst hätten, dass Angelos ohne sie weiterfährt.

An der frischen Luft kommt die Frau rasch zu sich. Auch uns tut die ungeplante Pause gut.

Angelos schaut nervös auf die Uhr. „Wir fahren weiter", bestimmt er. Dann wendet er sich an die Frau: „Wenn du es aushältst, kannst du mit. Sonst bleibst du hier. Geld gibt es aber keines zurück!"

„Schaffst du es?", fragt ihr Begleiter besorgt.

Die Frau nickt schwach.

Keine fünf Minuten später stehen wir erneut. Diesmal, weil wir die Grenze nach Ungarn überqueren. Die Polizei verzichtet auf eine Kontrolle – was für ein Glück!

Erst als wir weiterfahren, trauen wir uns, wieder miteinander zu sprechen. Die meiste Zeit aber stehen wir schweigend nebeneinander. Jeder hängt seinen eigenen Gedanken nach.

Stundenlang setzen wir unsere Fahrt fort, ohne Pause. Mir zittern die Knie, die Beine werden schwer. Ich schließe die Augen, stelle mir vor, ein Adler zu sein. Geräuschlos gleite ich durch die Luft, schaue mir die Welt von oben an. Wie klein sie doch ist. Ich sehe Syrien. Das Land ist zerstört, es gibt kaum Leben. Zwei, drei Flügelschläge später grünt und blüht alles. Es wird gelacht, getanzt, gesungen. So fühlt sich Freiheit an.

„Ich muss ganz dringend aufs Klo", reißt mich die Stimme eines kleinen Mädchens aus meinen Gedanken.

„Halte noch ein bisschen aus", bittet die Mutter. „Es dauert bestimmt nicht mehr lange."

„Aber ich muss so dringend", quengelt ihre Tochter.

Die Mutter flüstert ihr etwas zu. Dann fängt das Mädchen an zu schluchzen. Die Hose ist nass.

Mir dröhnt der Kopf. Die stickige Luft, der Gestank, der Lärm, die vielen Menschen – das ist zu viel für mich. Ich spiele mit dem Gedanken, gegen die Wand zu hämmern. Will hier endlich raus. Ich traue mich nicht.

„Sind wir bald da?", fragt Sozan. „Ich glaube, ich kann nicht …"

Dann halten wir an und die Ladeklappe geht auf. Frische Luft schlägt uns entgegen. Gierig saugen wir sie ein. Angelos reicht uns die Hand und wir springen hinaus. „Willkommen in Deutschland", sagt unser Fahrer.

Wir haben es tatsächlich geschafft! Ich kann es gar nicht fassen.

Es dämmert bereits. Bald wird die Sonne aufgehen.

Mit den anderen setzt Angelos die Fahrt fort. Sie wollen weiter nach Norden.

Wir stehen einfach da und schauen uns um. Das ist also Deutschland. Mit allen Sinnen versuche ich, es in mich aufzunehmen. Warte darauf, dass sich ein Gefühl der Sicherheit einstellt. Dass ich ruhig werde. „Riechst du das?", frage ich meine kleine Cousine.

Sie hebt den Kopf, macht die Nasenlöcher ganz weit. „Nein. Was denn?"

„So riecht Freiheit."

Aber wie geht es jetzt weiter? Was sollen wir tun? Ratlos stehen wir am Straßenrand. Autos zischen an uns vorbei. Lkw wirbeln brummend Staub auf.

„Wir gehen da entlang“, sage ich schließlich. Sozan ist es recht. Sie ahnt wohl nicht, dass ich selbst keinen Plan habe.

Auf einmal bleibt sie stehen, hält mich an der Schulter fest. „Po-Polizei“, stammelt sie erschrocken und zeigt auf die gegenüberliegende Straßenseite. Nein! Nicht jetzt! Ich packe ihren Arm, beginne zu rennen, ziehe sie mit mir.

Sie haben uns gesehen und nehmen die Verfolgung auf. Panisch schaue ich mich um, suche nach einer Möglichkeit zu verschwinden. Doch ich finde keine. Nirgends kann man sich verstecken. Nirgends in Deckung gehen. Kein Baum, kein Strauch. Nichts!

Ich habe furchtbare Angst, dass sie auf uns schießen. „Lauf schneller!“, brülle ich Sozan an. Verzweifelt bemüht sie sich, mit mir Schritt zu halten. Gleich haben sie uns eingeholt.

„Stopp!“, fordern uns die Polizisten auf.

Wir rennen weiter. Ein Beamter packt Sozan an der Schulter, hält sie fest. „Lauf, Mayssam!“, ruft sie mir zu. Ich bleibe stehen. Ohne meine Cousine werde ich nicht weitergehen. So viel steht fest.

Die beiden Polizisten reden auf uns ein. Wir verstehen kein einziges Wort. Sie probieren es auf Englisch, fragen, wo meine Eltern sind. Ich zucke mit den Schultern. Ich weiß es nicht. Das ist die Wahrheit.

Einer deutet auf Sozan. „Your parents?“

„Syria“, antwortet meine Cousine.

Die Beamten bringen uns zu ihrem Wagen, deuten uns einzusteigen. Sie verschließen die Tür. Wir sind gefangen. Einer nimmt das Funkgerät und spricht hinein.

„Was werden sie mit uns machen?“, fragt mich Sozan ängstlich. Sie beginnt zu weinen.

„Are you hurt? Aua?“, fragt einer der Polizisten.

„No.“

Warum erkundigt er sich, ob meine Cousine verletzt ist? Will er so herausfinden, welchen Preis er für sie aushandeln kann? Beschützend lege ich einen Arm um sie. Er soll sehen, dass wir zusammengehören, dass wir uns nicht ohne Gegenwehr trennen lassen werden.

Sein Telefon klingelt. Er schaltet den Lautsprecher ein, hält uns das Handy hin. Eine arabische Stimme meldet sich, stellt sich als Dolmetscher vor und erklärt uns, dass wir in Sicherheit sind. Wir brauchen keine Angst zu haben. Die Polizisten wollen uns nichts Böses. Sie sind hier, um zu helfen. Es ist nicht so wie in Syrien.

Wir werden in ein Erstaufnahmezentrum für Flüchtlinge gebracht. Langsam begreifen wir.

28. Kapitel

In München haben ungefähr zweitausend Menschen Zuflucht gefunden. Im Sommer waren es sogar mehr als doppelt so viele, erfahren wir später. Neben den Gebäuden sind riesengroße Zelte aufgebaut. Es scheint viel Platz zu geben. Trotzdem hausen einige Flüchtlinge im Freien, haben sich im Park unter Bäumen ein Lager gerichtet.

Die Beamten bringen uns auf die Polizeistation. Ein Arzt untersucht uns. Fingerabdrücke werden genommen. Wir müssen sagen, wer wir sind, woher wir kommen und dass wir Asyl beantragen. Dann erhalten wir unsere Identitätskarten.

Sonja, eine nette Frau, die Arabisch spricht, zeigt uns, wo wir schlafen werden. Sie führt uns an den Zelten vorbei. Neugierig werfe ich einen Blick hinein. Die schmalen Pritschen stehen in Reih und Glied, nur durch enge Gänge getrennt. In jedem Zelt sind achtzig Personen untergebracht, erklärt uns Sonja.

Sie führt uns in eine Halle, in der sich ein paar Hundert Menschen aufhalten. Familien, Männer, Frauen, Kinder. Viele liegen, dösen vor sich hin oder schlafen. Jeder noch so kleine Raum wird genutzt. Überall stehen Betten, darunter türmen sich Rucksäcke, Taschen und Plastiktüten.

Sozan und ich bekommen ein Stockbett zugeteilt. Ich nehme die obere Schlafstelle. Meine Cousine ist kleiner, hat in der engen Nische leichter Platz. Aufsetzen kann sie sich nicht, aber liegen und sich gerade so umdrehen.

Sonja zeigt uns den Waschraum. Die Duschen haben keine Türen oder Vorhänge. Sie erinnern mich an die

Brausen im Turnsaal unserer Schule. Ich habe sie gehasst. Hier ist es noch schlimmer, denn die Duschen sind für alle.

Im Speisesaal stehen die Menschen Schlange. Auch wir stellen uns an.

Nach dem Essen machen wir uns auf den Weg zurück in die Halle. Das Gelände ist riesig, es ist gar nicht so einfach, sich zu orientieren.

„Sind wir hier richtig?“, fragt Sozan unsicher.

Ich glaube schon. Aber wo sind unsere Betten? Hilflos irren wir durch die Gänge, laufen kreuz und quer, steigen über Gepäckstücke, drängen uns an Kinderwagen und Rollstühlen vorbei.

„Da ist mein Rucksack“, sage ich. Endlich!

Wir klettern in unsere Betten. Es ist schwierig, sich miteinander zu unterhalten. Ich lege mich auf den Bauch und beuge mich hinunter. Schnell wird die Position unbequem. Sozan kommt zu mir nach oben. Wir sitzen beide im Schneidersitz auf der schmalen Pritsche.

Wir beschließen, lieber noch eine Runde spazieren zu gehen. Es regnet, doch das ist uns egal. Plötzlich heult eine Sirene los. Erschrocken klammern wir uns aneinander, wissen, was zu tun ist. Wir werfen uns zu Boden, halten schützend unsere Arme über die Köpfe.

„Keine Angst, Mädchen“, sagt eine freundliche Stimme. „Ihr könnt aufstehen.“

Vorsichtig heben wir die Köpfe, schauen uns verängstigt um. Es ist Sonja. Sie hat schon nach uns gesucht, lächelt und hilft uns hoch.

„Es ist Samstag, zwölf Uhr“, erklärt sie uns. „Das ist nur der Probealarm unserer Feuerwehr. Ein Sirenentest.“

Ungläubig starren wir sie an.

„Ihr seid in Sicherheit."

Sonja bringt uns in das Haus, in dem wir heute Morgen untersucht worden sind. In einem Raum sitzen Kinder und malen, basteln oder lesen. Wir sollen uns zu ihnen setzen. Eine Betreuerin gibt uns Papier und Buntstifte.

„Wenn ihr wollt, könnt ihr aufzeichnen, was ihr erlebt habt", erklärt uns Sonja. Sozan beginnt sofort zu malen. Ich zögere noch. Auf den Zetteln der anderen Kinder sind Panzer, Gewehre und Trümmer zu sehen. Die roten Buntstifte sind ständig in Gebrauch.

Sozan zeichnet sich selbst in ihrem blutbefleckten T-Shirt. Neben ihr liegt ihr Vater am Boden. Die Betreuerin macht sich eifrig Notizen. Sie soll auch den Himmel malen, gibt ihr die Dame zu verstehen. Sozan greift zu Schwarz, kritzelt wild über das Papier. Dann nimmt sie Gelb und malt eine strahlende Sonne. „Deutschland", sagt sie glücklich.

Ich habe keine Lust zu zeichnen und möchte nicht, dass jemand die Bilder sieht, die ich in meinem Kopf habe. Lieber schreibe ich Briefe. Einer soll an Jasmine gehen. Sie hat mir ihre Adresse in Istanbul gegeben und ich habe ihr versprochen, mich zu melden, wenn wir in Sicherheit sind. Ich denke oft an sie und Negirvan. Ohne ihre Hilfe wären wir vielleicht nie bis nach Deutschland gekommen. Ich hoffe, es geht ihnen gut.

Was wohl aus Negirvan geworden ist? Ob er es bis nach Schweden geschafft hat? Ganz bestimmt sogar! Bei dem Gedanken an ihn muss ich lächeln. Ich male mir aus, wie er in einem schönen, kleinen Haus in Schweden lebt und anderen Flüchtlingen hilft, sich zurechtzufinden.

Ich verfasse auch einen Brief an meine Mutter und meine Großeltern in Syrien und einen an Papa und meine Brüder. Ich schreibe ihnen, wie sehr ich sie liebe und vermisse und dass ich es gar nicht mehr erwarten kann, sie endlich wieder im Arm halten zu können.

Die Betreuerin legt mir ihre Hand auf die Schulter. „Ich schicke die Briefe gerne für dich ab", sagt sie und ich nicke ihr dankbar zu.

Ich stecke die Seiten in Umschläge und notiere die Adressen darauf. Einer geht nach Syrien, einer nach Istanbul. Das dritte Kuvert bleibt leer. Eine Träne tropft auf das Papier und hinterlässt einen feuchten Fleck. Er wird nicht reichen, um den Brief zustellen zu können. Ich werde ihn aufbewahren. Vielleicht kann ich ihn irgendwann absenden. Aber vielleicht wird mein Brief die Empfänger auch niemals erreichen.

29. Kapitel

Wir gehen zurück in die Halle. Ich möchte duschen. Sozan hält ein großes Badetuch in die Höhe, damit ich mich einigermaßen unbeobachtet fühle. Ich ziehe mich erst in der Dusche aus, drehe meiner Cousine den Rücken zu.

„Um Himmels willen!", stößt sie entsetzt hervor. Sie hat meine Narben entdeckt, die die Peitschenhiebe hinterlassen haben.

„Es ist gut", sage ich. „Tut gar nicht weh. Wirklich nicht!" Ich lüge nicht.

Das Wasser prasselt auf meinen Körper. Ich seife mich ein, schrubbe mich, als könnte ich so die Erinnerungen abwaschen. Ich spüre, wie die Last langsam abfällt.

Wir sind nun dreizehn oder vierzehn Tage in München. Bald werden wir in eine andere Unterkunft gebracht, verspricht uns Sonja. Dann kann unser Leben in Deutschland richtig beginnen. Wohin wir kommen, wissen wir nicht. Wahrscheinlich wird es ein Haus für unbegleitete minderjährige Flüchtlinge sein, also für Kinder und Jugendliche, die ohne Eltern oder andere Erwachsene unterwegs sind. Mir ist alles recht. Auch eines der Flüchtlingsheime, von denen uns die anderen erzählen.

„Meine Freunde sind in einem Quartier in der Steiermark untergebracht", berichtet unser Bettnachbar. „Sie wohnen zu fünft in einem kleinen Zimmer. Aber sie haben ein eigenes Bad und sogar einen Fernseher."

Sozan und ich lernen Deutsch. „Danke" ist unser erstes Wort. Und das wichtigste. Jeden Tag gehen wir zum Kurs. Zeit haben wir ja genug.

Vor dem Lager gibt es öffentliche Telefone. Immer wieder rufen wir zu Hause an. Einmal hebt jemand ab. Jedenfalls klingt es so. Ich verstehe nichts. Es knackst nur in der Leitung. „Ich liebe dich!", schreie ich noch schnell. Dann bricht die Verbindung ganz ab.

Papas Handy ist weiterhin aus. Ich versuche es aufs Neue. Ohne Erfolg. Mit jedem Tag wird meine Hoffnung kleiner, meine Familie jemals wiederzusehen.

Nach dem Kurs am Nachmittag gehen wir spazieren. Am Asphaltplatz bleiben wir stehen. Ein paar Kinder kicken mit einem Ball hin und her. Auf der anderen Seite spielen Männer Basketball. Einer springt hoch, versenkt den Ball gekonnt im Korb, jubelt.

„Das ist doch ... Das kann nicht wahr sein", stammle ich. „Abbas?"

Ich schreie seinen Namen quer über den Platz. Der Mann hebt den Kopf, erkennt mich sofort, läuft auf mich zu.

„Mayssam", begrüßt er mich fröhlich. „Wie schön, dich zu sehen!" Freudig schüttelt er mir die Hand. Er möchte wissen, wie es uns geht und was wir erlebt haben. Wir erzählen die Kurzfassung. Dann rufen die anderen Männer schon nach ihm. Sie wollen weiterspielen. Abbas läuft zurück, dreht sich aber noch einmal um. „Sag deinem Vater bitte, dass ich nachher noch vorbeikomme."

Wie? Meinem Vater?! Ich verstehe nicht.

Ich folge Abbas, erkläre ihm, dass ich nicht weiß, wo mein Vater ist. Dass wir auf der Flucht getrennt worden sind und ich ihn nicht erreichen kann.

„Er hat einen Schlafplatz in dem Zelt da drüben. Deine Brüder auch", sagt er.

Die Worte erreichen mein Ohr. Ich höre sie. Aber ich begreife sie nicht.

Abbas nimmt mich an der Hand, führt uns zu dem Zelt. Ich folge ihm wie ferngesteuert.

Keine zwei Schritte von mir entfernt sehe ich meinen Vater auf seiner Pritsche. Er ist schmal geworden, fast abgemagert. In sich zusammengesunken sitzt er da, starrt ins Leere, hält etwas in seinen zitternden Händen. Es ist ein Foto von mir.

Tamer, mein kleiner, süßer Tamer, entdeckt mich als Erster, stürmt auf mich zu, springt an mir hoch, drückt mir seine feuchten Lippen auf die Wangen. Von hinten umarmt uns Ahmad. Er ist groß geworden. Größer als ich. Habe ich ihn tatsächlich so lange nicht gesehen?

Mein Vater steht auf und geht langsam auf uns zu. „Mayssam!“ Es klingt, als hätte er sein ganzes Leben darauf gewartet, noch einmal meinen Namen sagen zu dürfen.

Ich nicke. Ja! Ja, ich bin es wirklich!

Er schließt mich in seine Arme, will mich gar nicht mehr loslassen. Sein Körper bebt, die Knie werden schwach. Er muss sich hinsetzen. Ich nehme neben ihm Platz, halte seine Hand, drücke sie, damit er weiß, dass ich wirklich da bin.

Noch niemals in meinem ganzen Leben habe ich meinen großen, starken Vater, meinen Beschützer, meinen Helden, weinen gesehen. Jetzt sitzt er da und die Tränen laufen unablässig.

„Papa, du musst lachen“, sagt Tamer. „Nicht traurig sein! Mayssam ist wieder da!“

Tatsächlich trocknet mein Vater mit einem Taschentuch seine Tränen und strahlt mich an.

„Mayssam, Mayssam!“, sprudelt es aus meinem kleinen Bruder heraus. „Wir sind ganz viel zu Fuß gegangen. In der Nacht. Und am Tag haben wir dann geschlafen. Mama würde ordentlich schimpfen. Ich war immer ganz lang auf.“ Unser Kleiner kichert. Er ist furchtbar stolz. Die Flucht war für ihn ein einziges großes Abenteuer.

Papa stoppt ihn. „Tamer, wir haben noch viel Zeit, um Mayssam und Sozan alles zu erzählen“, sagt er glücklich.

Mein Vater hat ein neues Handy. Sein altes ist auf der Flucht kaputtgegangen. Deshalb konnten wir ihn nicht erreichen. Mama hat gar kein Telefon mehr. Unser Haus in Syrien ist völlig zerstört. Eine Bombe.

Mama, Lili, mein Onkel und meine Großeltern haben es gerade noch geschafft, das einstürzende Gebäude zu verlassen. Sie hatten keine Zeit zu packen oder irgendetwas mitzunehmen. Mit nichts als dem, was sie am Leibe trugen, konnten sie sich retten.

„Sie haben bei Mamas Freundin Dana Unterschlupf gefunden“, beruhigt mich Papa. „Es geht ihnen gut. Sobald ich Asyl bekomme, können wir sie nachholen.“ Er kramt nach seinem Handy, wählt Danas Nummer, schaltet auf Lautsprecher.

„Hossein?“, fragt meine Mutter.

Ich breche in Tränen aus. So lange habe ich diese liebe, gütige, tröstende, hoffnungsvolle Stimme nicht mehr gehört.

„Nicht nur ich“, antwortet Papa.

„Tamer ist auch da“, ergreift mein kleiner Bruder das Wort. „Und Ahmad. Und Mayssam. Und Sozan.“

„Mayssam …? Sozan …?“, wiederholt sie ungläubig.

„Ja, Mama“, sage ich. Mehr bringe ich nicht heraus.

„Seid ihr … seid ihr alle zusammen?“

„Ja“, bestätigt mein Vater. „Das sind wir.“

Wir können deutlich hören, wie meine Mutter erleichtert aufseufzt. Ihr scheint ein Stein, ein ganzer Felsbrocken vom Herzen zu fallen. Sie weint. Wir weinen auch. Alle.

„Jetzt … jetzt wird alles gut“, flüstert sie.

Ich weiß, dass sie recht hat. Wie immer.

Erläuterungen von Namen und Begriffen

Abaya: mantelartiges, meist schwarzes Übergewand, das vom Hals bis zu den Füßen reicht

Abu: Bestandteil eines arabischen Namens, bedeutet „Vater von“; hier: Kampfname

Al-Khansaa-Brigade: Zusammenschluss schwer bewaffneter Kämpferinnen, die die Einhaltung der Regeln des **IS** durch Frauen kontrollieren

Aleppo: Stadt im Norden Syriens, wurde durch den Bürgerkrieg stark zerstört, viele Einwohner sind geflohen

Allah: arabisches Wort für „Gott“

Al-Nusra-Front: extremistische Organisation in Syrien, die bis 2016 zum Terrornetzwerk al-Qaida gehörte

ar-Raqqa: Stadt im Norden Syriens, wurde im Laufe des Bürgerkriegs von Islamisten erobert

Assad: Baschar al-Assad (* 1965), seit Juli 2000 Staatspräsident Syriens

Asyl: Schutz vor Gefahr und Verfolgung

Daesh: abwertende Bezeichnung für den **IS**

Dschihadisten: Anhänger einer extremen Strömung des Islamismus, die einen **„Heiligen Krieg“** gegen Andersgläubige führen

Freie Syrische Armee (FSA): Oppositionsgruppe aus ehemaligen Soldaten der Regierungsarmee und bewaffneten Demonstranten

Haritan: Stadt im Norden Syriens, ca. zehn Kilometer nordwestlich von Aleppo

„Heiliger Krieg“: Kampf gegen Andersgläubige, der vorgibt, religiöse Ziele zu verfolgen

IS: Kurzform für „Islamischer Staat"; seit 2003 agierende und äußerst brutale Terrormiliz, die einen **„Heiligen Krieg"** gegen „Ungläubige" in aller Welt führt

Jesiden: Angehörige einer meist kurdischsprachigen ethnisch-religiösen Minderheit

Katma: Dorf im Nordwesten Syriens, nahe der türkischen Grenze

Kurden: Angehörige einer ethnischen Volksgruppe in Syrien, in der Türkei, im Irak und im Iran

Labne: arabisches Sauermilchprodukt

Niqab: Gesichtsschleier mit einem Sehschlitz, wird meist mit einem langen Gewand getragen

Rebellen: Aufständische

Regime: Regierung (meist abwertend)

Scharia: basiert auf dem Koran und enthält alle Gesetze, die es in einer islamischen Gesellschaft zu beachten gilt

Schlepper: hilft Menschen gegen Bezahlung, ihre Heimat zu verlassen und illegal in ein anderes Land einzureisen

Syrische Lira: syrische Währung (1 Lira = 100 Piaster, 1 Euro = ca. 230 Syrische Lira)

Leseprobe aus:

Maria Regina Kaiser,

Wohin ich gehöre

Schulausgabe erschienen im
Hase und Igel Verlag, München
ISBN 978-3-86760-167-2
Begleitmaterial für Lehrkräfte
ISBN 978-3-86760-467-3

Mesut steht auf. „Ich hab kein Heimweh oder so was. Ich bin hier in Ulumur zu Hause. Hier hab ich meine Arbeit in der Schreinerei und im Sommer mit den Touristen."

Mesut, ich verstehe dich so gut. Dieses Gefühl kenne ich auch, diese schwierige Sache mit Ulumur und Frankfurt, ich weiß genau, was du meinst.

„Es kommt nicht oft vor, aber manchmal träume ich auf Deutsch. Ich denke im Traum deutsch und bin wieder in meiner alten Schule." Er bleibt neben ihr stehen und streichelt ihre Haare. Gülten wagt nicht sich zu rühren, so ungeheuerlich ist es.

„Ich bin kein richtiger Türke, was meinst du?"

Sie dreht sich zu ihm um.

„War nur ein Witz", sagt er. „Darf ich dich küssen?"

Darauf kann sie keine Antwort geben. Mesut, Mesut, Mesut. Diesmal ist es wirklich. Kein Zufall, kein Versehen. Nicht wie damals an der heißen Quelle.

„Könntest du dir vorstellen, ich meine, wäre es für dich denkbar …" Mesut quält sich mit den Worten.

Sag's doch auf Türkisch. Auf Türkisch ist es einfacher. Oh Mesut. Bitte sag es. Sag, dass du ohne mich nicht leben kannst. Irgend so einen Tarkan-Satz.

– Leseprobe –

Das Telefon schrillt.
„Ich geh nicht ran", sagt Mesut.
„Ich geh auch nicht ran", flüstert Gülten.
„Ölürüm sana", sagt Mesut.
„Ölürüm sana", antwortet sie.
„Du bist Frankfurt und noch viel mehr. Und ich danke Allah jeden Tag dafür, dass es dich gibt."
„Du bist die ganze Türkei", murmelt Gülten. „Und jetzt bin ich endlich hier."
Das Telefon schrillt immer noch.
„Geh du ran", sagt Mesut und lässt sie nicht los.
„Es ist egal. Geh du ran", flüstert sie.
Tante Nurcan ist ans Telefon gegangen, ohne dass sie es gemerkt haben. Ganz sanft ruft sie herüber: „Gülten, für dich. Aus Frankfurt!"
„Hi, Gülten, ich bin's." Es ist Erik.
„Erik, was fällt dir eigentlich ein? Woher hast du die Nummer?"
„Von dir, das weißt du doch. Ich wollte einfach mal wissen, wie das Wetter bei euch ist und wie es Eser geht."
Gülten kann nichts sagen vor Empörung – und dann legt sie einfach auf.
„Er ist ein netter Junge", sagt Tante Nurcan. „Geht er in deine Klasse?"
Eine Tür fällt ins Schloss. Es ist Mesut, der nach draußen gegangen ist.

Es regnet. Schneematsch liegt neben der Straße. Obwohl sie in der Türkei sind, denkt Gülten „Schnee", nicht „kar". Immer wenn sie anfängt Türkisch zu denken, fehlen ihr einzelne Worte. Und sie wagt nicht mehr, Mesut danach zu fragen. Windböen biegen die Pinien am Straßenrand. Mesut sitzt mit erstarrtem Gesicht am Steuer. Die Musik hat er abgestellt. Die Scheiben sind von innen beschlagen, obwohl das Gebläse dröhnt. Schnee und vereiste Straßen, das passt nicht zur Türkei.

Mesut hat frisches Brot aus dem Bäckerladen gegenüber geholt.

„Unglaublich, wie billig das hier ist, so ein Brot kostet beinahe nichts", sagt Gülten.

„Für dich ist es nichts", fährt Mesut sie an. „Aber hier ist es teuer. Manche Familien mit vielen Kindern haben Probleme, das Brot für den Tag einzukaufen."

Der Dede schläft schon und schnarcht gleichmäßig vor sich hin. Eser liegt angezogen, in Turnschuhen auf dem Kojenbett und ist ebenfalls eingeschlafen. Das Wohnmobil steht am Straßenrand.

„Tust so, als ob du eine Türkin wärst", sagt Mesut, „und hast nichts verstanden davon, was der Islam bedeutet. Du bist auch nicht anders als Eser. Eser ist wenigstens ehrlich, dafür achte ich ihn. Aber du bist eine Heuchlerin."

Gülten starrt ihn einfach an. Das meint er nicht so. Das kann er gar nicht meinen.

„Du hast dich benommen wie eine Nutte", sagt Mesut. „Klar, diesen Erik hast du auch geküsst."

„Nein, hab ich nicht!", schreit Gülten.

„Natürlich hast du's gemacht! Ich glaub dir gar nichts mehr. Ein muslimisches Mädchen würde so etwas nie tun. Fest steht, ich werde nur ein Mädchen heiraten, das sich an die islamischen Gebote hält. Für dich ist der Koran doch nur ein Spiel. So wie die deutschen Touristen die

Moschee besuchen und dabei Kaugummi kauen, so probierst du für ein paar Monate den Islam aus, weil Eser todkrank ist."

Gülten hat Tränen in den Augen. Warum sagt er so etwas? Wie kann er so gemein sein?

„Und die Jungs, die probierst du auch aus", sagt Mesut kalt. „Aber das ist ja wohl so üblich in Almanya."

„Was fällt dir ein, du bescheuerter Fundamentalist!" Es ist Eser, der sich auf seinem Bett aufgesetzt hat. „Ich hau dir eine rein, wenn du so weiterlaberst."

Gülten heult jetzt los. „Easy, oh Easy, das kann nicht sein." Und obwohl Mesut schweigend dasitzt und alles hört: „Erst küsst er mich ... und jetzt erzählt er mir, was im Koran steht."

„Hau ab!", schreit Eser. „Verschwinde, fucking bastard!"

Mesut zieht sich die Lederjacke über den Kopf, stellt sich draußen in den Schnee und raucht schweigend eine von Dede Ömers Zigaretten.

„Der ist absolut fertig, weil er morgen Abend Onkel Bekir wiedersieht. Du weißt doch, wie Mesut zu seinem Vater steht", flüstert Eser. Er ist heruntergeklettert und legt den Arm um seine Schwester. „Und außerdem ist er ein Charakterschwein. Ich hab dich immer vor ihm gewarnt. Die türkischen Jungs sind so, das hab ich dir tausendmal gesagt. Jetzt hast du es."

Der Dede ist wach geworden vom Schlag, mit dem Mesut die Autotür zugeworfen hat. Er fängt an zu husten und greift sich an die Brust. „Mein Atemspray, Kinder, mein Atemspray", röchelt er. „Ich weiß nicht, wo ich es hingetan habe."

„Ich muss pinkeln. Halt an!", schreit Eser.

Mesut lenkt den Wagen zu den Büschen am Rand der Passstraße und drückt auf den Knopf für die automatische Öffnung der Schiebetür.

Emrah singt ein schwermütiges Lied. Emrah und Orhan Gencebay sind Mesuts Lieblingssänger. Dede Ömer und Mesut haben fast den gleichen Musikgeschmack.

Eser steht auf, greift sich den Rollstuhl und klettert mit ihm hinaus.

Dede Ömer fasst sich an die Brust und steigt hinterher. Er hat jetzt ständig Herzschmerzen, aber Gülten kann sich kaum noch darüber aufregen. Das mit Eser ist schlimm, das mit Mesut ist schlimm und nun geht es auch noch dem Dede schlecht. Er zittert und atmet schwer.

Gülten reicht ihm das Spray. Der Dede nimmt die Dose dankbar entgegen. Es dauert ungefähr zwei Minuten, bis es ihm besser geht.

„Es ist ein Scheißleben!", schreit Eser plötzlich. „Ich verzichte drauf! Ich hasse diesen Rollstuhl! Ich spiel das Spiel nicht mehr mit. Ich muss es nicht."

„Tu's nicht, Eser!", schreit Gülten und stolpert zu ihm hin, um ihn festzuhalten.

Aber Eser wollte nicht hinunterspringen. Der Rollstuhl poltert und taumelt über die felsigen Vorsprünge der Schlucht in die Tiefe.

„Dieses Scheißding, wie ich diesen Stuhl hasse!"

„Du bist ein Idiot!", ruft Mesut. „Jetzt muss ich runter und den Stuhl suchen. Ich bin ja hier der Einzige, der fit genug ist."

„Tu nicht so, als wär ich halb tot!", schreit Eser. Er zittert am ganzen Körper, aber das war es dann auch. „Ich verbiete dir, ihn hochzuholen. Ich habe meine eigenen Füße. Ich brauch ihn nicht mehr."

Er weiß genau, dass er auf ihn angewiesen ist, und Gülten weiß es auch, doch sie wagt nicht, ihm zu widersprechen.

Erik, Erik, Erik. Stell dir das vor. Da steht er jetzt am Abhang und kann jeden Moment springen. Aber ich glaube nicht, dass er es tun wird. Der Dede hält ihn am Arm, und obwohl es ihm so schlecht geht, ist der Dede sehr stark. Nicht körperlich, aber geistig.

„Ich sollte das mit dem Rauchen besser lassen", murmelt der Dede. „Bei Allah, ich sollte es lassen. Aber ich bin schwach, ich kann es nicht. Und jetzt ist auch noch Gebetszeit. Ich kann mich heute nicht niederwerfen, wie es sein sollte."

„Ja. Es ist auch zu matschig hier", sagt Mesut.

„Wegen meinem Herz", seufzt der Dede. „Jedenfalls bin ich froh, dass Eser und du nicht raucht.

Dehnten wir nicht aus deine Brust
und nahmen ab von dir deine Last,
die deinen Rücken bedrückte,
und erhöhten für dich deinen Namen?
Drum siehe, mit dem Schweren kommt das Leichte! (...)
Und wenn du Zeit hast, dann mühe dich
und trachte nach deinem Herrn."

Er steht immer noch am Abgrund und sieht in die Schlucht hinunter. Der Rollstuhl ist aufrecht zum Stehen gekommen. Ein Rad steckt im langsam dahinplätschernden Bach. Dede Ömer hält einen Moment inne, dann setzt er seine Gebete leise murmelnd fort.

„Er sieht noch ganz intakt aus", sagt Mesut.

„Er kann nur kaputt sein“, murmelt Gülten mit tränenerstickter Stimme.

„Ich hasse euch alle!“, fährt Eser sie an. „Jeden von euch, wirklich jeden total.“ Er steht jetzt ziemlich kraftvoll auf beiden Beinen. Weder Mesut noch Gülten wagen es, ihn anzufassen und zu stützen. Nur der Dede hält ihn leicht am Arm.

„I hate you, I hate you!“, schreit Eser. „You are fucking bastards ...“ Es hallt durch die Schlucht und kommt schwächer zurück.

„Sprich Türkisch, mein Junge“, bittet Dede Ömer.

„Nimm Vernunft an“, sagt Mesut. „Glaub nur nicht, ich werde jetzt heulend zurückfahren. Wir werden dich zu den Thermalbecken bringen, du Hundesohn. Und ich werde dich mit eigenen Händen hineintragen, so wahr ich Mesut Sahil heiße.“

„Gott ist barmherzig und verzeihend“, sagt Dede Ömer.

„Ich will dein Gejammer nicht mehr hören, Eser. Das ist mein letztes Wort dazu“, sagt Mesut. „Benimm dich wie ein Mann.“

Jetzt ist er wieder der Mesut, in den sie noch gestern verliebt war. Diesen Teil von Mesut wird es immer geben. Darüber liegt eine Mesut-Schicht, mit der sie nicht gerechnet hat, die sie am liebsten von ihm herunterkratzen möchte. Aber es ist eine harte, dunkle Schicht.

Gülten reißt die Tür des Wohnmobils auf und greift nach der Karte, die neben dem Fahrersitz steckt. Mit dem Finger sucht sie das nächste Dorf.

„Da, in zwei Kilometern kommt eine Abfahrt in die Schlucht hinein. Ich werde den Rollstuhl holen“, sagt Mesut hinter ihr.

Sie wagt kaum zu atmen. Es ist das Ende oder der Anfang – und sie weiß nicht einmal, wovon. Eine Zukunft ohne Mesut, was soll sie damit? Werden sie sich nie wieder Briefe schreiben? Werden sie sich am Ende aus den Augen verlieren und einander fremd sein? Mesut hier in der Türkei mit allem, was türkisch und liebenswert ist? Erik, stell dir das vor, ich soll ohne Mesut leben. Mesut ist die Türkei. Du verstehst das, Erik. Die Türkei ist alles für mich. Ja, bis gestern war es so.

Ich dort in Frankfurt, mit allem Deutschen, mit der Ordnung und dem sterilen Geruch und den blitzblanken Linoleumgängen im Krankenhaus. Soll ich etwa so werden wie Ana? Nie. Mesut, Mesut, Mesut. Du bist die ganze Türkei. Zerbrich nicht mein Herz, denn du bist darin.